DÉFI RANGEMENT → ZÉRO BLABLA

AU MENU

SEMAINE 1
LA CUISINE — 16

SEMAINE 2
LA SALLE DE BAINS — 22

SEMAINE 3
LA PIÈCE À VIVRE — 36

SEMAINE 4
LA CHAMBRE — 48

BREE VAN DE KAMP, SI TU M'ENTENDS...

Vous voulez que votre maison soit rangée/propre/jolie sans efforts ? Dans ce guide, vous trouverez des solutions à vos problèmes domestiques, mais aussi des astuces qui vous permettront de transformer votre petit chez-vous en un havre de paix. Prête à attaquer le programme en 4 semaines ?

POSEZ-VOUS LES BONNES QUESTIONS

- Est-ce que mon désordre est inscrit dans mes gènes, ou bien est-ce un état d'esprit passager ?
- Est-ce que mon désordre vient de mon goût immodéré pour le shopping (mes achats compulsifs peuvent-ils nuire à ma santé) ?
- Est-ce que, sans oser me l'avouer, je ne veux pas toucher à mon fourbi de peur d'y « perdre mon âme » ?
- Est-ce que mon désordre n'est pas la conséquence insidieuse de mon perfectionnisme (vous êtes la reine du paradoxe) ?

TEST : ÊTES-VOUS TOLÉRANTE AU BAZAR ?

1. Vous notez un numéro de téléphone/une adresse mail/un site Internet important :
- Dans votre agenda (qui vous sert aussi de journal intime).
- ★ Sur un Post-it que vous collez par-dessus la dizaine d'autres qui ornent déjà votre écran d'ordi.
- ♦ Dans votre smartphone.

2. Vous notez votre liste de courses :
- ♦ Sur un tableau Excel, dans l'ordre qui suit la disposition des rayons du magasin.
- ★ Une liste ? Non, vous improvisez en circulant dans les rayons.
- Sur un papier collé sur le frigo et complété au fur et à mesure.

3. Quel rapport entretenez-vous avec votre placard (à vêtements) ?

- ● Assez fort : vous y rangez toutes vos affaires, sauf votre sac à main (que vous laissez dans l'entrée), votre écharpe (qui se pose là où elle veut), etc.
- ★ Assez distendu : vous posez vos vêtements sur les dossiers de chaises, laissez vos chaussures à côté du lit, roulez votre pull en boule…
- ◆ Vous lui êtes toute dévouée : rien ne lui échappe ! Chaque chose y trouve sa place.

4. En combien de temps pouvez-vous trouver une paire de ciseaux chez vous ?

- ★ 3 minutes : ils ne sont plus dans la cuisine ? Où les avez-vous posés la dernière fois ?
- ● 30 secondes : le temps d'ouvrir le tiroir de gauche après avoir ouvert celui de droite (vous hésitez à chaque fois).
- ◆ 2 secondes : vous pouvez décrire le contenu du tiroir en fermant les yeux.

5. Vous prenez un traitement un peu compliqué…

- ● Toutes vos boîtes de médicaments sont sur la table où vous prenez votre petit déj'.
- ◆ Vous avez une boîte à compartiments que vous remplissez le dimanche pour toute la semaine.
- ★ C'est sûr, il y a des jours où vous ne savez plus si vous avez avalé deux fois la même pilule… C'est grave docteur ?

MAJORITÉ DE ◆

L'organisation, l'anticipation, la classification, c'est votre truc ! Pour vivre bien, vous devez maîtriser votre environnement : cette attitude est tout à votre honneur puisqu'elle vous permet de vous sentir en paix avec vous-même. Mais attention à ne pas tomber dans l'excès et passer pour la maniaque/psychorigide de service auprès de vos proches, ils pourraient très vite se sentir agressés si vous passez systématiquement le balai derrière eux !

MAJORITÉ DE ●

Vous faites le nécessaire, l'indispensable, le vital, mais vous ne vivez pas dans l'angoisse si jamais un jouet du petit venait à s'échouer sur le canapé. Vous avez atteint une sorte d'équilibre, entre l'hygiène et l'organisation, qui répond à vos exigences et le laisser-aller naturel qui permet l'improvisation et la détente.

MAJORITÉ DE ★

Personne n'ose vous le dire (sauf votre mère ou votre amoureux qui vous engueulent tous les deux autant), mais vous vivez dans un fourbi indescriptible qui peut faire douter de votre structuration mentale ! Certaines personnes se sentent bien dans cette absence de contraintes, de limites et de rigueur… À vous de voir si vous supportez les conséquences qu'entraîne votre mode de vie (pour vous et pour ceux qui le subissent).

POURQUOI RANGER ?

En tentant de vous inculquer les bases de l'organisation, Môman voulait vous enseigner quelques principes qui, s'ils semblaient totalement ringards dans votre tanière d'ado, peuvent aujourd'hui vous paraître pleins de bon sens.

RANGER PERMET DE RETROUVER SES AFFAIRES

N'avez-vous pas déjà passé d'horribles et angoissantes minutes à retourner toute votre maison pour remettre la main sur un objet indispensable (et qu'il aurait été si facile de retrouver s'il avait été bien rangé) ?

TOP 5 DES OBJETS QUI SE CACHENT TOUJOURS AU MAUVAIS MOMENT

1 Le téléphone portable.

1 *EX ÆQUO.* Les clés de la porte d'entrée.

2 Les lunettes.

3 La plaquette de pilules.

4 Le portefeuille.

5 Le paquet de mouchoirs.

RANGER PERMET DE GAGNER DU TEMPS

Faites le compte. Si vous additionnez toutes les secondes perdues à soulever tous les coussins du canapé dans l'espoir de retrouver votre monnaie, les minutes gâchées à farfouiller dans les tiroirs pour dénicher l'agrafeuse, les heures passées à chercher le bon de garantie du lave-linge qui vient de tomber en panne… vous constaterez que vous auriez mieux fait d'utiliser ce précieux temps pour vous livrer à des activités nettement plus enrichissantes (lire un magazine, mettre une seconde couche de top coat sur vos ongles ou danser devant votre glace en écoutant M. Pokora à fond dans votre iPod).

RANGER AUGMENTE SON « ESTIME DE SOI »

Vous avez l'impression d'être super-efficace, de maîtriser votre environnement… et non pas d'être cette godiche qui se noie dans un verre d'eau, cette tête de linotte qui oublie tout, cette nunuche incapable de jeter un tee-shirt qu'elle n'a pas mis depuis 10 ans.

RANGER FAIT GAGNER DE LA PLACE

Or, elle vous manque cruellement. À moins d'être la cousine de Paris Hilton et d'avoir une pièce, que dis-je, un loft entièrement destiné à accueillir vos milliers de vêtements, vos centaines d'escarpins et vos innombrables sacs, vous ne savez jamais où fourrer un objet neuf, un nouvel accessoire, un énième petit cochon (vous faites la collec' depuis que vous avez 15 ans). Le rangement (mais surtout l'aptitude à faire du tri) est donc la première règle à respecter dans les petits espaces (donc, dans la majorité des cas).

RANGER ÉVITE LES DÉPENSES INUTILES

Si vous aviez retrouvé tout de suite votre rouleau d'adhésif, vous n'auriez pas été obligée d'en racheter un (enfin, plutôt quatre, puisqu'il y avait une promo chez Cashbureau). Si vous vous étiez souvenu qu'il vous restait trois boîtes de thon proches de la DLC, vous n'auriez pas refait votre stock, prise d'une folle envie de salade niçoise. Si vous étiez suffisamment organisée pour garder toujours un parapluie dans votre voiture, vous ne seriez pas obligée de noyer votre brushing (à 35 euros) et vos mocassins en daim (135 euros) à chaque averse impromptue.

ÇA ME FAIT DU BIEN !

→ Je profite de la beauté de mes meubles que je ne voyais plus sous les monticules de choses qui les encombraient.

→ Je profite de la facilité avec laquelle je retrouve mes affaires.

→ Je profite de la sérénité que j'ai gagnée grâce à ma meilleure organisation…

RANGEZ VOTRE MAISON EN 4 SEMAINES

Ce n'est pas tout de prendre conscience des problèmes. Il y a un moment où il faut passer à l'action... même si vous avez besoin d'un grand coup de pied dans le popotin. Voici un programme en 4 semaines : 1 semaine par pièce.

FIXEZ-VOUS UN OBJECTIF

Établissez un plan sur 4 semaines, en vous consacrant chaque semaine à une pièce. À chaque étape, fixez-vous une priorité et tâchez de vous y tenir (objectivement, c'est faisable ; sinon, votre cas est sûrement plus grave que ce que l'on pensait).

Déterminez des plages de temps assez courtes aux tâches ingrates. Se dire : « Je fais du tri toute la journée » est voué à l'échec. Partir sur la base : « Je trie une demi-heure et je fais une petite pause » est plus réaliste. Passez un peu de temps tous les jours en rentrant du boulot à faire du rangement, car le week-end, vous aurez certainement des projets plus excitants que de vider le grenier ou réorganiser le présentoir à épices.

> Si vous habitez dans un palace, vous pouvez ajouter autant de semaines que de pièces au programme.

PROGRAMME DE RANGEMENT

SEMAINE	PIÈCE	DATE
Semaine 1	Cuisine	....
Semaine 2	Salle de bains	....
Semaine 3	Pièce à vivre	....
Semaine 4	Chambre et bureau	....
Semaine 5	....	....
Semaine 6	....	....
Semaine 7	....	....
Semaine 8	....	....

LES 10 COMMANDEMENTS

1 Sur tes provisions tu anticiperas.
2 Dans la minute, les tâches tu feras.
3 Par le vide tu nettoieras.
4 Un seul objectif à la fois tu te fixeras.
5 À chaque objet une place tu désigneras.
6 Ton planning avec application tu suivras.
7 Ton emploi du temps tu noteras.
8 Un automate tu deviendras.
9 La persévérance tu connaîtras.
10 À la volupté tu goûteras.

PAR QUOI COMMENCER ?

Pleine d'énergie et de combativité (« Sus à la poussière ! », « Mort aux mouflons ! », « À bas le bazar ! »), vous êtes sur le point de brancher l'aspirateur, quand, tout d'un coup, prise d'un malaise, vous vous figez… « Mais par où donc vais-je commencer ? » Pour ne pas perdre en chemin une si belle motivation, un si bel entrain, suivez notre plan d'attaque.

QUAND ?

Oubliez toutes vos mauvaises excuses et admettez que n'importe quel jour peut faire office de point de départ de votre nouvelle vie. Vous devez plutôt être détendue, positive et énergique (mais si, c'est possible !).

Profitez des changements de saison pour refaire un point sur l'état des lieux : nos grands-mères appelaient ça le « grand nettoyage de printemps ». Reprenez les vieilles recettes et, adaptez-les à votre situation : le « grand nettoyage de rentrée », le « grand nettoyage de Noël »…

MON PENSE-BÊTE

OÙ ?

Devant l'ampleur de la tâche, vous ne savez pas par quel bout attaquer. Cette fois-ci, ne lâchez pas l'affaire et décidez-vous à prendre le taureau par les cornes.

La règle de base est de commencer par ce qui est le plus visible pour finir par le plus caché : attaquer votre rangement par le tri des petites cuillères de la ménagère en argent massif de mamie Yvonne n'est pas ce que l'on peut appeler une preuve de bon sens.

Puisqu'il faut bien débuter, choisissez la pièce principale, celle où vous vivez le plus souvent. Il va sans dire que si vous passez votre vie dans votre salle de bains, c'est par là qu'il faudra commencer.

Débuter par la pièce à vivre est plus motivant que de passer des heures à mettre de l'ordre dans sa cave : les résultats sont visibles immédiatement et pour longtemps, ce qui vous donnera envie de continuer. Dans votre élan, vous terminerez par la cave, puisque vous en avez assez de vous prendre les pieds dans le tricycle du petit et de vous éborgner avec les skis suspendus à chaque fois que vous descendez chercher une bouteille de vin.

COMMENT ?

Pour s'adonner à ce genre d'activités, pourquoi ne pas mettre une petite musique d'ambiance ? Tant que vous y êtes, vous pouvez toujours mettre un gâteau ou des sablés au four pour vous récompenser une fois que vous aurez terminé votre corvée.

Pour ne pas vous décourager, fixez-vous un objectif de temps : commencez par une séance courte, au risque de vous dégoûter de continuer. L'astuce du gâteau au four prend ici tout son sens : 30 minutes de cuisson, 30 minutes pour refroidir : 1 heure de boulot avant d'obtenir la récompense. Pour un début, c'est pas mal. Ensuite, vous arrêterez les pâtisseries : sinon, vous serez heureuse d'avoir une maison bien rangée, mais totalement déprimée par votre culotte de cheval.

Commencez par un coin, un tiroir, une étagère…, et ne passez pas à autre chose tant que vous n'avez pas fini.

Pour bien faire, mettez votre téléphone sur messagerie.

MES PRIORITÉS

PROCÉDEZ PAR ÉTAPES

Vous n'allez pas vous lancer comme ça, bille en tête, sans savoir par où commencer : inefficacité, fatigue et démotivation garanties. Non ! Pour ne pas vous éparpiller (et ranger soigneusement dans votre armoire le pull en laine orange que vous allez finalement donner quelques jours plus tard), il faut procéder par étapes.

1 TRIEZ

Pour « désengorger » votre home sweet home, il n'y a pas 36 solutions : il faut TRIER avant de JETER et de RANGER. Même si ça vous fend le cœur. Même si vous avez l'impression que vous ne vous en remettrez jamais.

2 JETEZ/VENDEZ/DONNEZ

Libéréééée, délivrééée ! Donnez les bodies du petit dernier à votre neveu (votre bébé ne rentrera PLUS JAMAIS dedans), profitez du printemps pour vous débarrasser du cendrier tout moche au vide-grenier du quartier (vous avez arrêté de fumer), et vendez cette écharpe informe sur le Net !

3 RANGEZ

Nettoyez les surfaces déblayées, attribuez une place à chaque objet et maîtrisez le bazar.

1
TRIEZ

Il faut bien le reconnaître, nous possédons trop de choses. Avouons que nous ne nous servons que de la moitié de nos affaires (hé ! toi qui possèdes 28 paires de chaussures, oseras-tu dire le contraire ?).

ÉQUIPEZ-VOUS

- Des grands sacs-poubelle (des 50 litres, on va y aller franco !).
- Des cartons, des boîtes, etc.
- De quoi nettoyer les zones que vous avez mises au clair.

PRENEZ DES DÉCISIONS

Trier ses affaires, c'est déterminer l'avenir que l'on veut accorder aux objets selon leur degré d'utilité et votre attachement sentimental :

1. les objets que je garde : ceux que j'aime/que j'utilise tout le temps/qui ont de la valeur/dont je ne peux pas me séparer ;
2. les objets que je peux jeter (trop usés, devenus inutiles, doublons, etc.) ;
3. les objets que je peux vendre ;
4. les objets que je peux donner ;
5. les objets qu'il faut ranger ailleurs.

DISPATCHEZ

Une fois que vous savez quel sort réserver à chaque objet, faites différents petits tas selon la destination prévue pour eux (vous pouvez utiliser des cartons différents) :

- jetez ce qui doit l'être ;
- faites un lot de tout ce dont vous voulez vous débarrasser (à vendre ou à donner) ;
- rangez ce que vous gardez (dans cette pièce, ou ailleurs).

ASTUCE

Si une décision est trop douloureuse, vous pouvez encore créer une 6e section pour les objets « en transit » : lors d'un prochain tri, la décision se fera peut-être toute seule... Attention ! Ne pas abuser de cette solution, au risque de ne rien trier du tout !

2
JETEZ / DONNEZ / VENDEZ

Maintenant que vous avez fait différents petits tas, il va bien falloir en faire autre chose…
Sinon, au lieu du rangement escompté, vous n'aurez fait que « déplacer » le fourbi.

JETEZ

Munie de votre sac-poubelle kingsize, vous êtes prête à faire table rase, mais se débarrasser définitivement de quelque chose peut être difficile. Si l'acte est trop douloureux (et que vous vous retrouvez à fouiller les containers des poubelles au milieu de la nuit pour le retrouver), c'est que vous accordez encore trop de valeur sentimentale à cet objet. Donnez-vous encore un peu de temps : avoir envisagé de le mettre au panier aura sans doute déjà fait mûrir votre décision.

En revanche, pour d'autres cas, il peut y avoir un réel bonheur à voir certaines choses disparaître de son environnement : le napperon en crochet de Bellemaman, les culottes taille 54 que vous portiez pendant la grossesse… Attendez donc le bon moment, mais, une fois que votre décision est prise, jetez-moi tout ça et repartez sur des bases plus saines !

NE CULPABILISEZ PAS

Ce n'est pas parce que vous avez acheté ce truc (donc dépensé de l'argent gagné durement à la sueur de votre front) qu'il vous est interdit de vous en débarrasser. Sans doute que vos goûts ont évolué depuis que vous vous êtes offert ce pull en angora vert pomme.

De même, ce n'est pas parce qu'on vous a offert quelque chose qu'il vous est interdit de vous en débarrasser… Si le généreux donateur est susceptible de venir chez vous ou de vous voir régulièrement, portez le cadeau au moins une fois ou mettez-le en évidence dans votre décor lors de sa prochaine visite. Une bonne astuce : prenez-vous en photo avec l'objet et débrouillez-vous pour que la personne tombe dessus.

> **ATTENTION !**
>
> On ne peut pas jeter ce qu'on veut dans la rue ! Poser son vieux matelas tout taché sur le trottoir et repartir en sifflotant : « C'est pas moi qui l'ai fait ! » n'est pas autorisé. Prévenez le service des « encombrants » de votre municipalité : en général, ils vous donnent un créneau horaire pour pouvoir vous délester de vos vieilleries et passent ensuite les enlever.

DONNEZ

Cela vous fait trop mal au cœur de jeter des vêtements ou autres articles qui sont encore potables mais qui ne vous conviennent plus ? Il y a toujours une naissance dans son entourage, occasion rêvée pour vider l'armoire de Petitloulou, 5 ans, de tous ces pyjamas en taille 3 mois (eh oui ! jusque-là, vous les aviez gardés pour aller les toucher de temps en temps, la larme à l'œil). On vous autorise à garder la pièce la plus craquounette pour la lui montrer quand il aura 20 ans.

Passez pour une belle âme et n'hésitez pas à vous fendre d'un : « Tiens, je te le donne » à votre belle-sœur qui reluque votre pull en cachemire depuis des lustres. Vous pouvez la jouer sournoise en lui demandant : « Il te plaît ? » alors que vous savez très bien que vous voulez vous en débarrasser (il gratte) et passer pour un grand cœur en le lui offrant.

VENDEZ

Vous avez du mal à vous dire que tous vos sous dépensés en multiples achats vont s'évaporer dans la nature. Vous voulez récupérer du cash (vous saurez toujours quoi en faire)... Alors vendez !

Les dépôts-ventes

Nombre de lieux permettent le « recyclage », en général spécialisés (articles pour bébé, vêtements, meubles, matériel informatique, etc.). Ils constituent un bon moyen de récupérer un peu d'argent sans se préoccuper de gérer le stock ou de marchander avec les éventuels acheteurs.

Les vide-greniers

Vous vous êtes sûrement déjà baladée, le dimanche, dans les brocantes (plus professionnelles) ou les vide-greniers (plus amateurs)... On y voit se côtoyer des poupées Barbie échevelées, des rideaux d'une couleur douteuse et des chandeliers garantis « anciens » ! Pourquoi, vous aussi, ne pas proposer tout votre stock (on ne sait jamais si la croûte qui ornait les murs de chez Mémé depuis 50 ans n'est pas une œuvre inestimable...) ?

Les sites Internet

Les sites de vente entre particuliers ont maintenant pignon sur rue (Le Bon Coin, Ebay, RueduCommerce, etc.). Au lendemain de Noël, le nombre de petites annonces explose, c'est dire !

Si vous n'avez jamais osé mettre d'objet en vente, lancez-vous. Mais n'en profitez pas pour acheter d'autres objets en remplacement !

3

RANGEZ

Vous devez trouver la place qui convient pour chaque chose (même si elle est insolite). C'est le B.A.-BA de l'expérience. Le point de départ de tout. Pour que vos affaires réintègrent leur place, il faut bien qu'elles en aient une au départ. C.Q.F.D.

LOI N° 1 : LA PROXIMITÉ

Évidemment, les couverts sont plutôt destinés à se trouver dans le tiroir d'un meuble de cuisine, les serviettes-éponges pas loin de la salle de bains et les coussins du salon d'été dans la cabane-au-fond-du-jardin.

LA BONNE QUESTION À SE POSER

→ Est-ce que je l'utilise souvent ?

→ Où et comment est-ce que je m'en sers ?

→ Si je le changeais de place, serait-ce plus facile ?

LOI N° 2 : LA VISIBILITÉ

Si vous utilisez un objet tous les jours (et même plusieurs fois par jour), il est normal qu'il reste « en surface » : vous n'allez pas ranger l'éponge qui vous sert à faire la vaisselle dans une boîte elle-même rangée dans un tiroir, tout comme vous ne mettrez pas votre stick à lèvres au fin fond de votre immense trousse de toilette, mais plutôt dans une petite poche de votre sac très accessible.

Mais, pour d'autres choses, la logique est moins implacable. Pour trouver un emplacement idéal, testez les objets : vous cernerez mieux son rôle et trouverez plus facilement sa place.

Ainsi, vous découvrirez que, contre toute attente, si vous aimez vous faire votre french manucure dans la cuisine, il serait plus judicieux de ranger tous vos vernis dans cette pièce plutôt que de faire d'inutiles va-et-vient jusqu'à la salle de bains (ou de les laisser sur la table, au milieu des miettes).

MAÎTRISEZ LE BAZAR

Cependant, il est des objets à qui on doit laisser un peu plus de liberté : il faut être particulièrement maniaque pour ranger dans un tiroir toutes les petites affaires que l'on pose en rentrant chez soi et ne pas les laisser en vrac sur la console de l'entrée. En revanche, on peut s'arranger pour que ce petit fourbi soit vaguement ordonné. Pour tout ça, il existe des « vide-poches » qui portent bien leur nom.

Puisque, à certains endroits, il faut bien « faire avec », la solution est peut-être de créer des zones où est réuni tout le matériel nécessaire pour une activité particulière. Vous êtes une pro du tricot ? Plutôt que d'essayer de fourrer vos pelotes emmêlées et vos travaux en cours dans un coin, organisez-vous une belle boîte où vous rangerez toutes vos petites affaires : vous transporterez tout en une fois, elles seront protégées de la poussière et vous pourrez glisser la boîte sous votre lit par exemple.

FAITES DES CATÉGORIES

Face à un magma d'objets hétéroclites, il faut avoir un peu de méthode. Après avoir jeté tous les objets inutiles, inutilisables ou innommables, procédez par regroupements (comme à la maternelle, il faut mettre ensemble tous les objets de la même famille).

Pour votre trousse de toilette par exemple, rassemblez tous les fards à paupières, les rouges à lèvres, les crayons… et placez-les dans des poches spécifiques. Vous perdrez moins de temps à retrouver votre crayon khôl favori.

Pour les jouets des enfants, même si vous ne voulez pas contrer la logique toute particulière de Petiteprincesse qui ne voit pas d'inconvénients à mélanger les poneys et les princesses Disney (ah surtout, ne pas la traumatiser !), essayez d'organiser les rangements selon des thèmes : le matériel de dessin/les tenues de Barbie/les éléments de la dînette, etc.

SEMAINE 1
LA CUISINE

En tant que lieu de passage obligatoire, la cuisine se doit d'être aménagée en suivant certaines règles logiques, pratiques, hygiéniques, avant même de songer à l'esthétique. Dans votre salon, vous pouvez vous permettre le « fouillis rococo », mais dans la cuisine, c'est difficilement vivable.

LES INDISPENSABLES DE LA CUISINE

De quoi avez-vous vraiment besoin au quotidien ? Comment meubler intelligemment la cuisine quand elle est toute ruiquiqui ?

LES « FAUX AMIS »

Ce sont les ustensiles qui vous font croire que vous allez gagner du temps, mais dont vous ne vous servez pas.

LES ASTUCES AU QUOTIDIEN

Comment bien nettoyer le four sans se fouler le poignet ? Comment nettoyer une plaque en vitrocéramique ?

LES INDISPENSABLES DE LA CUISINE

Hormis l'évier et le réfrigérateur, voyons quels sont les éléments indispensables à toute cuisine qui se respecte.

UN ÉLÉMENT DE CUISSON

En général, le strict minimum consiste en une plaque électrique et un mini-four (rappelez-vous de votre chambre d'étudiante). Vous avez l'embarras du choix, à vous de déterminer quel degré de perfectionnement est le plus adapté à vos talents culinaires (si vous ne réchauffez que des plats sous vide, pas la peine d'investir dans la chaleur tournante), et à votre budget, il va sans dire.

UN ESPACE RANGEMENT

Même s'il ne doit contenir que des boîtes de thon et des paquets de Tuc® goût bacon, un placard et autres étagères sont obligatoires. Il serait assez malvenu de laisser vos bouteilles de tequila exposées à la « va-comme-j'te-pose » (notamment quand vous faites visiter votre studette à un nouveau fiancé).

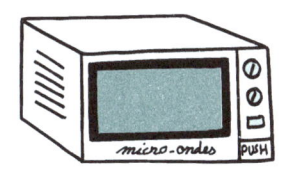

UN PLAN DE TRAVAIL

Ne serait-ce que pour tartiner votre biscotte, poser votre quiche à réchauffer ou préparer la moindre recette, une zone plane et dégagée (si possible) est obligatoire. Quand cette zone est propre et non encombrée, toute la cuisine a l'air bien rangée : on n'ira pas vérifier si vos placards sont au bord de l'implosion ; en revanche, il n'échappera à personne que votre table est un vrai dépotoir.

LE MICRO-ONDES

Si vous ne deviez en garder qu'un, ce serait lui… Vous ne pouvez même pas imaginer comment votre mère faisait avant (et ne parlons pas de l'époque où il fallait couper du bois pour faire chauffer la marmite).

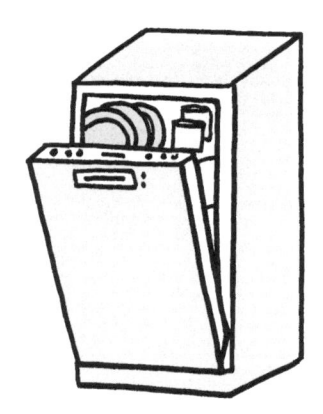

LE LAVE-VAISSELLE

Contrairement à ce que vous pourriez croire, le lave-vaisselle n'est pas un équipement des plus généralisés (environ 45 % des ménages en possèdent) : vous, vous ne pouvez pas imaginer vous en passer. Ne culpabilisez pas ! Il est prouvé qu'un lave-vaisselle consomme moins d'eau chaude qu'un lavage à la main ! Pour bien le choisir, vérifiez bien les critères techniques (volume sonore, consommation électrique, programme éco…).

TROUSSEAU INDISPENSABLE

- Deux poêles (une moyenne et une grande)
- Une sauteuse (poêle à large bord droit) et son couvercle
- Un grand faitout, une cocotte en fonte
- Une Cocotte-Minute
- Deux casseroles (une grande, une moyenne)
- Une passoire
- Une planche à découper (en plastique, plus hygiénique que le bois)
- Un économe
- Un couteau « qui coupe »
- Un ouvre-boîtes
- Des spatules, cuillères en bois (pour touiller sans rayer les casseroles)
- Un moule à manqué (moule à gâteau classique)
- Un plat à four
- Un plat à tarte (préférez-le en métal plutôt qu'en porcelaine, le dessous des tartes ou des quiches cuit beaucoup mieux)
- Deux saladiers ou bols ou culs-de-poule
- Un verre mesureur

LES P'TITES ASTUCES

Pour des raisons d'économie d'énergie, il est préférable de **SÉPARER LE POINT DE CUISSON DU RÉFRIGÉRATEUR**.

Profitez de tous les progrès des cuisinistes : des **MEUBLES BAS AVEC DES TIROIRS LARGES** et profonds pour ranger casseroles et marmites.

STRATÉGIE CUISINE !

Des meubles hauts utilisant au maximum l'espace horizontal pour ne pas avoir besoin d'un escabeau afin d'attraper quoi que ce soit.

Il est plus pratique de placer le placard où se range la vaisselle à proximité du lave-vaisselle.

Les portes dotées de vérins hydrauliques se refermant toutes seules sans claquer.

Les éviers multifonctions avec une passoire intégrée pour égoutter les pâtes…

Si vous vivez à l'ère moderne et que votre **FOUR** est équipé d'un système de pyrolyse, pensez à lancer le programme lorsque le four est encore chaud (gain de temps + économie d'énergie). Restez dans les parages et ouvrez largement les fenêtres (risques d'asphyxie).

Choisissez des **MEUBLES ADAPTÉS À VOTRE TAILLE** : petite, vous ferez rabaisser les pieds ; grande, vous privilégierez les rangements en hauteur sans avoir besoin de recourir au marchepied.

LES « FAUX AMIS »

Voici une classe d'objets que l'on pourrait nommer les « faux amis » : il s'agit des instruments qui vous font croire que vous allez gagner du temps, mais qui, au final, vous encombrent et terminent leur vie, plein de poussière, au fond des placards. Ne faites pas l'innocente. Tout le monde en a. Étudiez bien quel sera le volume occupé avant d'investir.

LE BATTEUR ÉLECTRIQUE

Si vous êtes une cuisinière niveau purée Mousseline®, le batteur ne vous sera sûrement pas d'une grande utilité… Pour vous, « monter des blancs en neige » signifie « accéder à une station de ski en altitude », et la mayonnaise est une sauce qui se présente dans un tube (vous ne saviez même pas qu'il y avait de l'œuf dedans).

En revanche, si vous faites un peu de pâtisserie, que vous maîtrisez les bases d'une cuisine un peu élaborée, un batteur électrique vous soulagera : les bras de celles qui ont déjà préparé des îles flottantes avec un fouet manuel s'en souviennent.

LE ROBOT

Évaluez vos besoins : pour les pros, un appareil complet (qui-pétrit-hache-malaxe-émulsionne-et-met-le-couvert), puissant et onéreux peut être intéressant ; pour les « cuisinières du dimanche », un robot compact et multifonctions peut aider dans de nombreuses préparations.

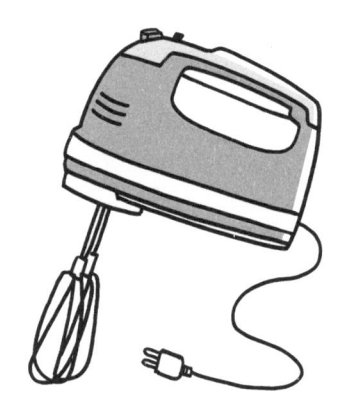

LE PLAT À TAGINE/À RACLETTE/ LA PIERRADE, ETC.

Tous ces beaux appareils ménagers nous font rêver (on a toujours l'illusion qu'ils vont préparer les repas à notre place) mais, si nous avons tous craqué un jour pour l'un d'entre eux, qui peut dire qu'il les a utilisés plus de trois fois ?

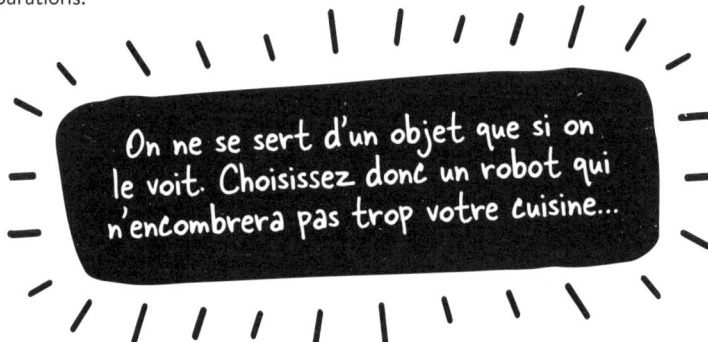

> On ne se sert d'un objet que si on le voit. Choisissez donc un robot qui n'encombrera pas trop votre cuisine…

LES P'TITES ASTUCES

Placez vos **BOUTEILLES D'HUILE SUR DU PAPIER ABSORBANT** : il y a toujours une goutte qui coule le long de la bouteille et qui laisse des marques sur le meuble.

Pour l'**ENTRETIEN COURANT DU FOUR**, placez un bol d'eau + le jus d'un demi citron dans le four chaud. Laissez agir quelques minutes. La vapeur va décrocher les saletés et les graisses et il vous suffira d'un petit coup d'éponge pour le nettoyer. Passez ensuite un chiffon imbibé d'eau et de bicarbonate de soude (sur four chaud).

Pour votre **PLAQUE EN VITROCÉRAMIQUE OU À INDUCTION**, il existe des produits spécifiques. Efficaces, certes, mais chers. Vous pouvez très bien n'utiliser que du liquide vaisselle. La règle de base étant de ne jamais frotter avec le côté grattant de l'éponge, au risque de tout rayer.

Pour **DÉSODORISER LE MICRO-ONDES** : un mélange d'eau et de citron ou de vinaigre blanc, chauffé à puissance maximale pendant 5 minutes, se révèle en général très efficace.

Les **PRODUITS NETTOYANTS SPÉCIAL FOUR** agissent également mieux sur four chaud. Vaporisez généreusement (sur les grilles également), laissez agir au moins 2 heures, essuyez au papier absorbant. Puis nettoyez avec une éponge mouillée d'eau et de liquide vaisselle.

Pour votre **ÉVIER EN PORCELAINE**, rien de tel que l'eau de Javel pour retrouver le blanc étincelant de ses premières années. Remplissez le bac d'eau chaude, ajoutez quelques gouttes du liquide miracle. Laissez agir. Retirez la bonde (en ayant la bonne idée de porter des gants). Oh, c'est beau, tant de pureté !

Pour votre **ÉVIER EN INOX**, le liquide vaisselle est efficace. Pour lutter contre les satanées taches d'eau qui le ternissent, un coup de chiffon imbibé d'alcool à 90° ou de vinaigre blanc. Souriez (vous pouvez vous voir dedans).

SEMAINE 2
LA SALLE DE BAINS

Comment avoir une pièce d'eau au carré ? Le propre de la salle de bains, c'est l'hygiène. Mais, pour bien nettoyer dans les coins, le préalable est de pouvoir passer la chiffonnette sans avoir à déplacer 50 objets. Or, la salle de bains est le plus souvent une pièce de « stockage » (réserves de papier, de produits de toilette, de linge, etc.). Votre première mission consiste à faire le tri et à contrer l'invasion du bazar.

FAITES LE TRI
Inutile d'avoir 10 brosses à dents, une par personne suffit !

JETEZ CE QUI EST PÉRIMÉ
Jetez les produits de beauté et les médicaments périmés.

GAGNEZ DE LA PLACE
Utilisez des paniers à crochets, des patères pour utiliser la place au maximum !

CHOISISSEZ L'ÉQUIPEMENT IDÉAL
Si vous avez l'occasion de refaire votre salle de bains, choisissez judicieusement les matériaux, les meubles et les couleurs pour avoir une salle de bains pratique et facile à nettoyer.

NETTOYEZ VOTRE SALLE DE BAINS
Grâce aux trucs et astuces adaptés à chaque surface.

SOIGNEZ VOTRE LINGE
Finis les vêtements rétrécis, suivez le guide !

FAITES LE TRI

Qui n'a pas déjà craqué sur un vernis que vous n'avez jamais mis ou gardé des produits de beauté périmés « au cas où » ? Sur les 20 rouges à lèvres, combien en utilisez-vous vraiment ? Il est temps de ne garder que l'essentiel et de profiter pour de vrai de votre salle de bain.

UNE BROSSE À DENTS PAR PERSONNE. C'EST SUFFISANT

Vous savez qu'une fois usagées, elles peuvent être recyclées pour le nettoyage de certaines parties difficiles à atteindre (joints de carrelage, arrière de robinet par exemple). C'est bien. Mais ce n'est pas non plus utile d'en conserver 10 exemplaires (même si vous avez beaucoup de joints).

QU'ALLEZ-VOUS FAIRE DE 24 ROULEAUX DE PAPIER TOILETTE ?

À moins de prévoir une gastro imminente, à moins de céder à un argument du genre « 12 rouleaux achetés = 12 rouleaux offerts », à moins de les empiler de manière très artistique (ou de jouer à celui qui fera la tour la plus haute), il ne semble pas indispensable d'en garder autant.

FAITES RÉGULIÈREMENT LE VIDE DANS VOTRE ARMOIRE À PHARMACIE

Entre les traitements que vous n'avez pas finis, les pastilles pour les maux de gorge et les tubes de paracétamol dont vous faites la collection, vous ne savez plus quel effet a quelle pilule. Donnez à votre pharmacien tout ce qui est périmé, et ne conservez que les médicaments de première nécessité : paracétamol, collutoire, antispasmodique, désinfectant, pansements, etc.

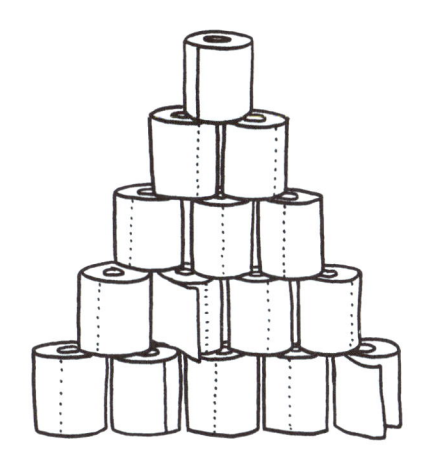

FAITES DU VIDE DANS VOS TIROIRS

Vous êtes une make-up addict et vous achetez un rouge à lèvres toutes les semaines ? Votre trousse de maquillage est digne de celle d'un professionnel ? Avouez-le, vous n'utilisez pas le quart des produits que vous possédez. Au mieux, vous partez le matin avec un trait de khôl, un coup de mascara et une touche de gloss... N'iriez-vous pas beaucoup plus vite si vous n'aviez pas à fouiller dans tout ce fourbi pour retrouver votre anticernes ? Rangez vos produits par catégories, vous gagnerez du temps pour retrouver celui dont vous avez besoin.

LES ÉCHANTILLONS ? VOUS ADOREZ ÇA.

Mais à la longue, même s'ils sont en taille riquiqui, tous ces petits flacons, ces fioles et ces minitubes finissent par s'accumuler. Soyez réaliste : ne conservez que ceux dont vous êtes sûre de pouvoir faire usage (notamment, au moment de partir en week-end, pour alléger votre valise). Pas la peine de garder ce testeur de fond de teint beaucoup trop foncé pour vous. Jetez tout de suite, vos tiroirs vous diront merci.

MAKE'UP ET DEMAK'UP

Nos produits de soins et de maquillage se dégradent avec le temps, et plus vite si on les utilise mal. Voici donc quelques conseils pour conserver le mieux possible nos p'tits pots fétiches.

PRODUITS DE SOINS

Durée : de 6 à 12 mois une fois ouverts, sinon 3 ans. Certains produits, particulièrement en dermocosmétique, ont une date de péremption : vérifiez-la. Les soins pour le corps durent facilement 12 mois, à l'exception des autobronzants, qui virent au bout de 6 mois.

Conservation : idéalement entre 13 °C et 20 °C. Ne les conservez pas au réfrigérateur. Rebouchez bien le contenant chaque fois. Utilisez en continu pour finir le produit dans les délais. Par précaution, préférez les tubes et les flacons aux pots (où l'on trempe ses doigts pas toujours nets). Dans un pot, prélevez la crème avec un Coton-Tige.

PROTECTION SOLAIRE

Durée : de 6 à 12 mois une fois les flacons ouverts, sinon 3 ans. Par prudence, changez de flacon à chaque saison.

Conservation : ne laissez pas les produits dans la boîte à gants de la voiture ni en plein soleil. Protégez-les du sable.

FONDS DE TEINT

Durée : de 10 à 12 mois, parfois moins pour les compacts, ils sont plus exposés à l'air.

Conservation : à l'abri de la chaleur et de l'humidité.

ROUGES À LÈVRES ET GLOSS

Durée : 1 an (mais, en réalité, on peut les garder plus longtemps).

Conservation : à l'abri de la chaleur (les gloss la supportent mieux). Si on a l'habitude de porter le gloss sur le rouge à lèvres, il se salira – donc tournera – plus rapidement.

MASCARAS ET EYE-LINERS

Durée : leur formule est stable jusqu'à 1 an, mais mieux vaut les jeter après 3 ou 4 mois, car ils se dessèchent et forment des nids de bactéries. Pour éviter les irritations oculaires, respectez ce délai et ne prêtez pas vos produits.

Conservation : évitez les mouvements de va-et-vient avec les mascaras (vous faites entrer l'air à l'intérieur), l'essoreur est prévu pour délivrer la juste dose.

POUDRES (BLUSH, OMBRE À PAUPIÈRES…)

Durée : 1 ou 2 ans pour les poudres compactes, jusqu'à 3 ans pour les poudres libres. Comme elles ne contiennent pas d'eau, elles se conservent bien. Cependant, leur durée sera écourtée si on les utilise sur une peau grasse, car le sébum et les bactéries peuvent les contaminer.

Conservation : à l'abri de l'humidité et des chocs. Utilisez des éponges ou des pinceaux propres et bien secs. Nettoyez souvent la houppette. Pour rafraîchir une poudre compacte, raclez la surface avec une lame de rasoir propre.

VERNIS À ONGLES

Durée : 1 an. À moins de se faire une manucure tous les deux jours, il est pratiquement impossible de terminer un flacon, car le fond finit toujours par durcir.

Conservation : au réfrigérateur et à l'abri de la lumière. Bien refermer le flacon après chaque usage. Nettoyez l'embouchure avec du dissolvant pour empêcher des résidus de sceller le capuchon.

SAFE BEAUTY

→ Évitez d'entreposer les produits près d'une **SOURCE DE CHALEUR** ou dans une **ZONE TROP HUMIDE** (juste au-dessus de la baignoire). Protégez les contenants transparents de la **LUMIÈRE** en les gardant dans leur boîte d'origine ou en les rangeant dans une armoire.

→ **LAVEZ VOS PINCEAUX** 1 ou 2 fois par mois avec un shampoing doux.

→ **NETTOYEZ ÉPONGES ET HOUPPETTES** à l'eau chaude et au liquide vaisselle pour éliminer les impuretés et les bactéries.

→ Jetez tout produit ayant **CHANGÉ D'ASPECT**.

→ Effectuez le tri de vos produits à **L'AUTOMNE**, car c'est l'été qu'ils souffrent le plus.

GAGNEZ DE LA PLACE SUSPENDEZ ET TRICHEZ

Dans la salle de bains, la place est comptée. Donc, il faut faire preuve de ruse et d'ingéniosité pour gagner du terrain (et pouvoir s'offrir un tube d'autobronzant supplémentaire).

LES MURS, LES PORTES : SUSPENDEZ TOUT !

Exploitez à fond les surfaces verticales : gain de place assuré ! Vous pouvez y accrocher :

- de multiples paniers à crochets ou ventouses pour y placer vos produits de toilette : gel douche et shampoing n'encombreront plus le rebord de la baignoire ou de la douche ;
- vos rouleaux de papier toilette : plusieurs tiges enfoncées dans le mur (en forme de pyramide par exemple) permettent de dégager de l'espace par terre ;
- un support à magazines (plutôt que la pile sans forme des revues de votre chéri qui passe 1 heure à lire sur la cuvette) ;
- un porte-rasoir, savon ou brosse à dents... Enfin, tout ce qui peut être suspendu plutôt que d'encombrer le bord du lavabo ou de la tablette ;
- comme dans les grands hôtels, placez une tablette au-dessus de la baignoire et empilez les serviettes roulées : si vous prenez garde à ne pas les tremper en vous rinçant, c'est un gain de place intéressant ;
- l'arrière des portes doit aussi être exploité au maximum : patères, crochets, supports à serviettes, panneaux multipoches sont les bienvenus !

JOUEZ AVEC LES EFFETS VISUELS !

- Pour donner l'illusion qu'une pièce est plus grande, rien de tel que les couleurs claires. Retirez le carrelage bleu profond et optez pour des couleurs pastel, des teintes pâles, plus lumineuses.
- Posez le carrelage du sol en biais : l'effet de fuite agrandit l'espace.
- Les miroirs ont un effet trompe-l'œil qu'il faut utiliser. En les plaçant face à face, non seulement vous pourrez vous observer sous tous les angles (parfois, il vaut mieux éviter), mais, surtout, vous donnerez l'illusion que la pièce est deux fois plus grande.
- La lumière est primordiale : un endroit bien éclairé semble toujours plus grand : halogènes, spots autour du miroir, éclairage « lumière du jour »…, soyez attentive à ce détail (de plus, vous serez plus efficace pour l'épilation du sourcil).
- Si vous n'êtes pas adepte des bains-trempouillages-qui-s'éternisent, optez pour une baignoire courte : l'espace ainsi gagné pourra être réutilisé pour placer un meuble de rangement (on n'en a jamais assez).

ASTUCE

Les placards et étagères sur pied peuvent prendre beaucoup de place et poser des problèmes dans une petite salle de bains. Choisissez des meubles sur roulettes, faciles à déplacer, ou des étagères vitrées en hauteur, plus aérées (attention ! le contenu doit être rangé, sinon, c'est vue directe sur le fourbi !). Les objets fréquemment utilisés doivent être rangés à l'avant, à la hauteur des yeux. Les objets plus volumineux, les serviettes par exemple, peuvent être disposés sur les étagères inférieures.

CHOISISSEZ L'ÉQUIPEMENT IDÉAL

Vous construisez ? Vous faites des travaux ? Vous allez donc pouvoir décider du choix de vos installations… et vous n'allez pas vous gêner pour prendre ce qu'il y a de mieux (quitte à ne plus acheter de nouveau sac. Trop dur !).

SANITAIRES

C'est bien beau de choisir une vasque top design, mais si c'est pour se retrouver avec un objet peu pratique (du genre votre chéri met de l'eau partout quand il s'asperge le visage dans un grand geste viril), à quoi bon ? Pensez esthétique, mais aussi usage quotidien : les vasques en verre ou en inox supportent mal les marques de dentifrice ou les traces de calcaire (va falloir frotter).

INVESTISSEZ DANS UNE DOUCHE HAUT DE GAMME

Si vous disposez d'un espace suffisant, la cabine de douche hydro avec ses multijets et sa version hammam est le nec plus ultra. Son degré de confort tient à sa taille et à la qualité de ses jets. Elle existe en version tropicale avec bain de vapeur souvent accompagné de diffuseur d'arômes. En option : spot chromo, musique d'ambiance, et même le massage synchronisé sur le tempo de la musique !

Si vous n'avez pas la place, pensez aux pommeaux de douche de plus en plus perfectionnés : les modèles très larges donnent une sensation de pluie tropicale très agréable…

Pour les parois de douche, choisissez-les dans un matériau traité anticalcaire, ce sera toujours ça de moins à nettoyer.

EAU TIÈDE

Pour ne plus passer une heure à trouver la bonne température de votre douche (et alternativement vous brûler ou vous glacer), jetez votre mélangeur et passez au mitigeur. Au final : confort et économie d'eau.

CHASSE D'EAU ÉCOLO

Le système de chasse 3/6 litres, avec sa plaque double commande, fait désormais partie des incontournables pour économiser l'eau dans les toilettes.

LE BONHEUR DE LA SERVIETTE CHAUDE

Ahhh, une serviette chaude et bien sèche en sortant de la douche en hiver… un régal ! Le sèche-serviettes a plein d'atouts : il occupe une place inutilisée, il se fond dans la déco (grande variété de couleurs) et assure une température idéale dans la salle de bains. Indispensable.

SOL FACILE

Bien évidemment, mieux vaut choisir un revêtement qui ne craint pas l'eau : l'idéal étant le carrelage. Critère de choix (outre l'esthétique) : la facilité de nettoyage… Certains carrelages gardent les traces d'eau ; vérifiez qu'ils ne soient pas trop glissants (plus il y a de relief, plus vous serez en sécurité). Certains parquets rainurés sont traités spécifiquement pour la salle de bains. Les revêtements de sol en vinyle ou en linoléum sont résistants, confortables, étanches et très faciles à entretenir. Une solution idéale pour vous simplifier la vie !

FACILITEZ-VOUS LA VIE

- Les meubles suspendus, sans pieds et sans recoins, pour un nettoyage complet du sol.
- Les prises de courant encastrées dans le meuble (on n'en a jamais assez).
- Le support intégré pour sèche-cheveux qui reste toujours branché.
- Le panier à linge coulissant.

Réfléchissez bien avant de céder à la **TENTATION DE L'ORIGINALITÉ** : mosaïque, galets, béton…, autant de matières très tendance, mais dont vous risquez de vous lasser.

COMMENT AVOIR UNE SALLE DE BAINS NICKEL

Haut temple de l'hygiène corporelle (et de la mise en beauté de votre corps sublime), la salle de bains se doit d'être d'une propreté rigoureuse, à la limite du laboratoire. Et, malgré ses gros bras musclés, Mr. Propre ne fera pas le ménage à votre place. Armez-vous plutôt de bons basiques et faites les choses dans les règles de l'art (régulièrement et correctement)...

NETTOYER BAIGNOIRE, DOUCHE ET LAVABO

- En acrylique : ils sont parfois griffés (par vos ongles en acier), mais certaines rayures peuvent être retirées avec du nettoyant à métaux.
- En porcelaine ou en émail : n'utilisez rien d'abrasif (au risque de tout ternir). En cas de taches tenaces, essayez l'essence de térébenthine puis rincez à l'eau savonneuse chaude.
- La porte de douche peut être nettoyée avec du vinaigre blanc (anticalcaire).
- Même si c'est assez répugnant, prenez votre courage à deux mains pour nettoyer les bondes de baignoire ou de douche : les amas de cheveux et de poils adorant y stagner. Retirez toutes ces saletés, puis nettoyez le trou d'évacuation avec un goupillon. Une fois par semaine, versez un peu d'eau de Javel à l'intérieur.

LES TOILETTES

Nous ne ferons pas de commentaires sur l'absolue nécessité de propreté des toilettes. Faites le test. Vous rencontrez un nouvel amant potentiel. Il vous emmène chez lui. Vous faites une pause pipi. Et là, horreur ! De quoi couper net la fougue de votre corps brûlant de désir... (d'autres exemples sont disponibles). Chez vous, soyez irréprochable sur les wawas.

- Brossez soigneusement la cuvette des w.-c. après chaque passage salissant. Utilisez du produit w.-c., de préférence javellisé pour un effet antibactérien.
- Le siège, la citerne et l'extérieur de la cuvette se nettoient une fois par semaine (avec un produit multi-usages classique).
- Le tartre incrusté est bien retiré par le vinaigre blanc (on laisse agir toute la nuit). Les pastilles de nettoyage pour dentier peuvent aussi être efficaces (comptez-en cinq).
- Placez une pastille de Javel dans le réceptacle de votre brosse à w.-c.

LES P'TITES ASTUCES

HYGIÈNE 4★★★★ DANS LA SALLE DE BAINS !

Vos **CARRELAGES** sont devenus ternes ? Redonnez-leur un coup de neuf en les enduisant de vernis pour voiture.

Retirez les **DÉPOTS DOUTEUX DANS LA BAIGNOIRE** en frottant avec du white-spirit, laissez agir puis rincez au liquide vaisselle. Le mieux, c'est évidemment de nettoyer la baignoire juste après utilisation. Ainsi, la saleté ne s'incruste pas.

Nettoyez vos **JOINTS DE CARRELAGES** avec un mélange de bicarbonate de soude, citron et eau chaude. Le mélange vinaigre blanc et liquide vaisselle, rincé ensuite à l'eau oxygénée, marche aussi.

Pour les **SURFACES LISSES** comme les carreaux, miroirs, fenêtres et armoires à pharmacie, on peut utiliser les produits de rinçage des lave-vaisselle : traces d'eau envolées !

Pour les **SURFACES LISSES** comme les carreaux, miroirs, fenêtres et armoires à pharmacie, on peut utiliser les produits de rinçage des lave-vaisselle : traces d'eau envolées !

C'est maintenant que vous allez pouvoir utiliser votre vieille brosse à dents pour **NETTOYER LES ÉLÉMENTS MÉTALLIQUES** : elle est imparable pour nettoyer les interstices impossibles à atteindre avec une éponge.

COMMENT OBTENIR UN DIPLÔME DE LINGÈRE (SANS Y PASSER SES SOIRÉES)

Il nous est arrivé à toutes, au moins une fois, de voir son pull ressortir en taille XXS, son débardeur blanc virer au rose ou la tache de sauce tomate rester fièrement accrochée sur la chemise. Donc, il ne nous semble pas inutile de profiter de ces quelques pages pour redonner, comme ça, vite fait, quelques conseils basiques sur l'art d'avoir du linge tout-propre-tout-frais.

GÉREZ VOTRE ARMOIRE À LINGE

- Le linge de maison que vous utilisez souvent, comme les draps et les serviettes, doit être placé sur les étagères les plus facilement accessibles, et les articles saisonniers (édredons, serviettes de plage) sur les étagères du haut ou du bas.
- Rangez les draps par ensembles : les deux draps ou la housse de couette bien pliés et rangés à l'intérieur d'une taie d'oreiller, ou les taies d'oreiller et le drap-housse pliés à l'intérieur du drap plat.
- Pour donner l'impression que l'armoire est très bien rangée, placez le côté plié des draps ou des housses vers vous : rien de plus satisfaisant que des piles de linge bien droites (demandez à Bree Van de Kamp ce qu'elle en pense).

LES P'TITES ASTUCES

LE BON CHIFFRE
On recommande en général d'avoir **TROIS ENSEMBLES DE SERVIETTES PAR PERSONNE ET TROIS ENSEMBLES DE DRAPS PAR LIT**. Choisissez vos préférés et donnez le reste à un organisme de bienfaisance.

CHAQUE CHOSE À SA PLACE
Pour avoir une **ARMOIRE À LINGE BIEN RANGÉE**, aidez ceux qui vivent avec vous : étiquetez les étagères afin de connaître la place de chaque chose.

UNE ARMOIRE PROPRE AVANT TOUT NETTOYEZ VOTRE ARMOIRE.
On ne range pas son linge nickel dans une armoire dégueu. Régulièrement, sortez tous vos draps et vos serviettes pour faire la poussière sur les étagères. Pour faciliter le nettoyage (notamment si le bois est brut), recouvrez-les avec du papier lavable ou de la toile cirée.

ÊTRE DANS DE BEAUX DRAPS ! (VRAIMENT)

UNE LESSIVE, ÇA SE PRÉPARE, MA P'TITE DAME !
Faites-lui les poches sans scrupule (pas pour fouiller, mais pour retirer pièces de monnaie, billets, mouchoirs en papier…). Défaites les manches de chemises retroussées et les chaussettes en pelote. Remontez les fermetures Éclair, accrochez les Velcro, attachez les pressions, nouez les ficelles, etc. Mettez les jeans (et les autres tissus de couleurs intenses) sur l'envers.

FAITES DE VOTRE LAVE-LINGE UN ALLIÉ

1 — DÉTACHEZ

- Pour retirer une tache, faites-le plus vite possible. Rincez immédiatement à l'eau froide (pour ne pas la cuire et la fixer et ainsi éviter qu'elle ne s'incruste). Vous pouvez aussi faire tremper dans de l'eau froide pendant 1 ou 2 heures. Si la tache est atténuée, un lavage normal devrait suffire à la retirer.
- Utilisez un détachant avant le lavage (il existe une gamme d'une diversité incroyable, adaptée à toutes les taches possibles et imaginables…). Suivez scrupuleusement les indications (là, il ne s'agit pas de faire « au pif », comme quand vous cuisinez).

2 — TRIEZ

- Le tri le plus logique se fait par couleurs : le noir et les couleurs foncées, les couleurs claires, le blanc (il se lave toujours à part et il est le seul à supporter l'eau de Javel en cas de besoin), etc.
- Triez également par températures de lavage (regardez bien les étiquettes).
- Si vous ne voulez pas multiplier les lessives et laver du linge mixte (coton et synthétique), choisissez le programme de lavage et d'essorage adapté au linge le plus fragile.

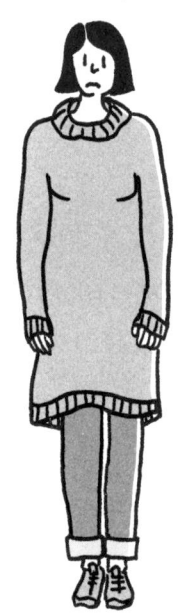

3 — NE CHARGEZ PAS TROP !

- Vous êtes tentée de fourrer un maximum de vêtements dans la bouche béante de votre machine ? Ce n'est pas pour ça que vous gagnerez du temps (le linge sera moins bien lavé et beaucoup plus difficile à repasser). Le linge ne tourne pas correctement, les lessives n'ont pas assez d'eau pour se dissoudre… Oubliez tout de suite ! Une machine trop chargée favorisera aussi les faux plis.
- Utilisez la bonne dose de lessive : trop peu, et le linge n'est pas correctement lavé ; trop, et il n'est pas bien rincé.

4
CHOIX DU PROGRAMME ET DE LA TEMPÉRATURE

- Choisissez toujours la température de lavage recommandée la plus basse et le programme le plus délicat.
- L'eau chaude agit rapidement et efficacement. On l'utilise pour les blancs, les pastel et tous les vêtements de couleur claire, les serviettes et les vêtements pour bébés ; en règle générale, on fait « bouillir » les tissus très résistants (coton) ou les pièces que l'on veut assainir.
- L'eau froide lave les couleurs délicates sans les abîmer, minimise le froissage et économise l'eau chaude. Cependant, elle n'est pas aussi efficace que les températures élevées (même si certaines lessives revendiquent le fait d'obtenir les mêmes résultats). Utilisez-la encore pour des couleurs vives (qui risquent de dégorger), pour du linge peu sale et certaines taches (celles de sang en particulier).

5
VIDEZ ET SÉCHEZ VITE FAIT !

- Dès que le lavage est terminé, sortez les vêtements au plus vite : vous limiterez les faux plis et les mauvaises odeurs (on est parfois obligé de relaver du linge ayant stagné pour retirer l'odeur d'humidité).
- Vous disposez d'un sèche-linge ? Utilisez le programme adapté aux tissus pour ne pas les endommager, ne remplissez pas trop la cuve. Une fois le cycle de séchage terminé, sortez le linge rapidement pour limiter le repassage (le linge encore très légèrement humide, bien tiré et plié, peut se passer d'un coup de fer).
- Vous faites sécher à l'air libre ? Utilisez des pinces qui ne font pas trop de marques (sinon, il faut s'acharner dessus avec son fer pour les retirer). Pour ne pas ternir les couleurs, ne placez pas le linge au grand soleil (sinon, mettez-le au moins sur l'envers).
- Si vous faites sécher votre linge à l'intérieur, veillez à ce que l'aération soit suffisante pour éviter que le séchage ne soit trop long et qu'une mauvaise odeur ne se développe.

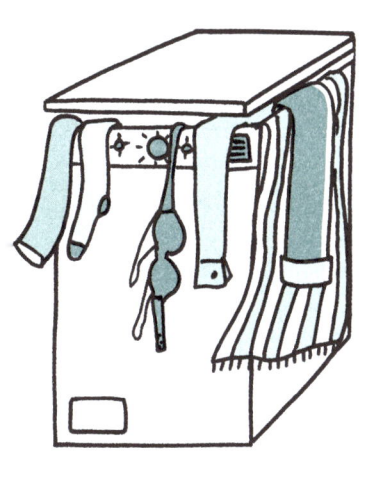

Suivez les indications des étiquettes de vos vêtements (ne faites pas votre maligne, ce n'est pas le moment).

SEMAINE 3
LA PIÈCE À VIVRE

Lieu de passage fréquent, pièce où les enfants ont coutume de jouer, où vous prenez peut-être vos repas : misez sur le résistant et surtout sur le facile d'entretien.

CONCEVEZ UNE PIÈCE FACILE À VIVRE

Le parquet, c'est bien beau, mais c'est cher ! D'autres alternatives sont possibles.

CHOISISSEZ DES MEUBLES ADAPTÉS

Finis les meubles en bois massif de mamie Yvette, les meubles gigognes permettent d'aménager la pièce en toute souplesse.

NE VOUS LAISSEZ PLUS ENVAHIR PAR VOTRE BIBLIOTHÈQUE

On connaît la chanson : on achète un livre, puis un autre, et encore un autre, et à la fin la bibliothèque déborde ! Faites le tri et donnez ou vendez les livres dont vous ne voulez plus.

RANGEZ FACILEMENT

Pour que tout le petit monde vive en harmonie, il va falloir poser quelques règles de vie commune. À vous de décider lesquelles.

CONCEVEZ UNE PIÈCE FACILE À VIVRE

Ahhh, bien sûr, le parquet marqueté, c'est élégant. Ohhh, évidemment, une épaisse moquette blanche, c'est très chic. Ehhh oui ! le marbre fait tout de suite entrer dans un univers luxueux. Mais pensez avant tout à vous simplifier la vie.

LE CARRELAGE

Très résistant, on trouve du carrelage à des prix intéressants. Facile à entretenir, il est très hygiénique (idéal quand on a des enfants, des animaux, ou un chéri qui mange comme un Porcinet) : ne le choisissez pas trop poreux (il faut passer trois fois la serpillière pour le rincer), ni trop brillant (les traces se voient tout de suite). L'inconvénient du carrelage est sa température : on ne marche pas pieds nus sous peine de s'enrhumer. En été, sa fraîcheur peut être agréable.

LE PARQUET

Ce produit naturel a l'avantage de donner beaucoup de chaleur à votre intérieur, d'« habiller » une pièce. Très résistant s'il est de bonne qualité, ce type de sol est assez cher et connaît quelques inconvénients comme la dilatation ou la rétraction du bois.

Le PARQUET MASSIF est celui qui a la meilleure tenue. Il doit être ciré et peut être poncé. Son côté « authentique » est très esthétique, mais il est soumis à l'inévitable « travail » du bois qui peut réserver des surprises. Le PARQUET STRATIFIÉ est très résistant : sa fabrication empêche le mouvement des lattes pour en faire un produit très stable. Le PRÊT-À-POSER peut être nettoyé à l'eau, ce qui n'est pas possible avec le massif.

Attention ! Certains parquets, comme le CONTRECOLLÉ, ne peuvent pas être poncés pour être rénovés (si vous enlevez la première couche, il n'y a plus rien en dessous...).

LE LINOLEUM ET AUTRES REVÊTEMENTS EN PVC

Prix raisonnables, facilité d'entretien, résistance à l'usure..., ils permettent en outre une grande variété d'effets décoratifs. Nettoyés avec des produits sans solvant pour allonger leur durée de vie (l'eau savonneuse convient très bien), ils sont très hygiéniques. En revanche, malgré la diversité des décors, ce type de sol n'offre pas une grande « chaleur » : leurs qualités pratiques l'emportent sur leur esthétique.

LA MOQUETTE

Avec elle, le sol est plus doux et plus chaud, les bruits sont atténués ; ses qualités antidérapantes sont également intéressantes. L'immense variété de produits permet de trouver exactement ce qui convient au niveau esthétique et la gamme des prix est aussi très étendue.

L'inconvénient de la moquette réside dans sa facilité à se salir (on oublie si on a des animaux) et les risques d'allergie qui l'accompagnent. Préférez les synthétiques si ce qui prime pour vous est la facilité d'entretien et la résistance ; au contraire, misez sur les matières naturelles (la laine essentiellement) si le confort, la douceur et l'esthétique sont les critères les plus importants.

Souvenez-vous que les couleurs claires sont évidemment les plus salissantes (le moindre poil noir se voit) ; très foncées, elles sont aussi difficiles à entretenir (le moindre poil blanc aussi). L'idéal reste le « chiné » : une petite tache peut s'y perdre (vous essaierez quand même de la nettoyer, n'est-ce pas ?).

LES P'TITES ASTUCES

PETITS RAPPELS VITE FAIT POUR NETTOYER SA MOQUETTE

- Plus vite vous réagirez, plus facile ce sera.
- Retirez les parties solides (avec un couteau par exemple) et absorbez au maximum la tache avec du papier.
- La plupart des taches peuvent être éliminées avec de l'eau tiède, du vinaigre et du papier absorbant.
- Ne frottez pas la tache, mais tamponnez doucement avec le papier.
- Opérez toujours de l'extérieur de la tache vers l'intérieur.

LE PAILLASSON POUR NETTOYER AVANT D'ENTRER

Pour éviter de salir trop rapidement le sol de votre maison, avez-vous installé un bon paillasson devant votre porte d'entrée ?

Choisissez un modèle bien épais, dont les poils pourront décrocher les saletés qui collent à vos semelles : ce sera toujours ça de moins à aspirer et à nettoyer dans le salon.

CHOISISSEZ DES MEUBLES GIGOGNES

Repensez au salon de mamie Yvette : les gros meubles qui n'ont pas bougé d'un centimètre en 70 ans, la table massive et l'énorme vaisselier... Aujourd'hui, on va vers des structures plus ouvertes, plus légères, qui nous accompagnent dans notre mode de vie plus « remuant » !

- la table basse devient buffet pour un repas-dînette entre copains : sur roulettes, elle est facile à déplacer pour que tout le monde puisse s'installer ;
- la table à rallonges s'adapte au nombre des convives ;
- les fauteuils, poufs et autres coussins de sol bougent selon le nombre de personnes qui s'installent dans le salon ;
- des tables pliantes se disposent selon ses envies ;
- le paravent se déplace selon le coin que l'on veut isoler ;
- le meuble télé s'oriente en fonction de la place du téléspectateur.

RANGEZ FACILEMENT

Quand les objets n'ont pas une place attribuée, ils mènent leur petite vie comme bon leur semble, suivant leur itinéraire perso, au gré de leurs envies. Donc, pour éviter les découvertes hasardeuses, mieux vaut que tous vos objets sachent où ils doivent vivre leur existence.

ORGANISATION MILITAIRE

Puisqu'il s'agit d'une pièce où tout le monde vit, fixez des règles que tous les habitants de la maison se doivent de respecter.

- On attribue une place pour la télécommande et elle doit y être replacée après chaque utilisation.
- Pour les enfants, il n'est pas interdit de s'amuser dans le salon, mais tous les jouets doivent réintégrer leur place d'origine avant le dîner par exemple (il peut être utile d'avoir un bac en plastique qui soit entièrement dédié au transfert chambre-salon : difficile de récupérer tous les morceaux de Kapla® avec seulement deux petites mains).
- Si la console de jeux se trouve installée là, il convient de la ranger après utilisation : les fils et les joysticks ne se marient pas forcément très bien avec une déco néobaroque. Si le meuble télé n'a pas de compartiment prévu à cet effet, munissez-vous d'une boîte/un panier/n'importe quel contenant qui permettra de regrouper tous les accessoires.
- On ne se déshabille pas au salon (enfin, sauf dans certaines occasions très spéciales) : le problème des vêtements qui traînent sur le sofa est ainsi réglé.
- Les magazines et autres journaux atterrissent directement dans un panier prévu à cet effet : les quotidiens lus de la première à la dernière page filent directement à la poubelle (et on n'oublie pas le tri sélectif !).
- Sur la table de la salle à manger sont regroupés dans un contenant tous les éléments dont vous avez besoin (sel, poivre, serviettes, tire-bouchon, sucre, etc.). Ce panier est lui-même rangé dans le buffet ou tout autre meuble (il peut rester sur la table si vous ne recevez personne).
- Il est établi comme principe de base que tout verre, tasse et autre emballage de Magnum-double-choco, doit être rapporté à la cuisine après utilisation.

LES P'TITES ASTUCES

Avec une **TABLE BASSE À TIROIRS**, on peut caser tout un tas de choses que l'on veut garder sous la main et qui se trouveront à l'abri des regards plutôt qu'exposés au milieu du living-room : les sudokus de votre chéri, votre pot de crème abricot pour les ongles, la boîte de chocolats entamée, l'album photo des dernières vacances à Mimizan, un bloc pour noter vite fait les références d'un produit magique au téléachat, la pub d'Allo Pizza en cas de prolongations du match, etc.

La **TABLE BASSE À DOUBLE PLATEAU** permet de poser beaucoup plus de choses (très pratique, si elle vous sert pour des apéros dînatoires).

ET HOP ! C'EST RANGÉ !

Quitte à investir dans des **ÉTAGÈRES**, équipez vos murs sur la plus grande hauteur possible : vous placerez au plus haut les objets dont vous vous servez le moins et laisserez les espaces du bas pour les affaires des enfants.

Une **TABLE À RALLONGES** permet de gagner de la place quand vous êtes en petit comité et de profiter de plus d'espace pour un plus grand nombre d'invités.

Certains **CANAPÉS** sont équipés d'un coffre : voilà encore un espace de rangement bien utile (on peut, par exemple, y mettre le linge nécessaire pour faire dormir un hôte de passage).

LES P'TITES ASTUCES

OHHH, ON Y VOIT CLAIR !

COMMENT PROCÉDER ?

Avant de commencer, il faut dépoussiérer et nettoyer les encadrements des fenêtres. Commencez par passer du papier absorbant sec sur les vitres pour retirer un maximum de saletés (sans les étaler avec du liquide). Il ne faut pas laver ses vitres en plein soleil : d'abord, vous aurez trop chaud. Ensuite, le produit séchera trop vite et laissera des traces. Préférez le faire quand il fait gris (mais pas avant un gros orage !), qu'il vient de pleuvoir ou que la lumière n'est pas directe (pour mieux voir les traces).

Les traces de doigts sur les vitres disparaissent avec un chiffon imbibé d'eau additionnée d'ammoniaque. Pour repérer les traces, frottez l'extérieur à l'horizontale et l'intérieur à la verticale, vous saurez tout de suite de quel côté il faut faire une retouche.

AVEC QUOI LAVER LES VITRES ?

- du liquide vaisselle et de l'eau chaude.
- du vinaigre blanc et de l'eau chaude (1 verre de vinaigre pour 1 seau d'eau) : remplissez un flacon à pistolet pour vaporiser.
- en touche finale, essuyez les vitres avec du papier journal en boule, imbibé ou non d'alcool à brûler (l'encre d'imprimerie fait briller).
- des chiffons microfibres (notamment ceux à double face, une rugueuse, une douce) imbibés d'eau chaude.
- oubliez les lingettes : elles sont anti-écolo au possible et, surtout, d'une efficacité réduite.
- en hiver, vous pouvez reconvertir le lave-glaces spécial temps froid de votre voiture.

43

BIBLIOTHÈQUE : NON À L'EFFONDREMENT DE LA PILE DE LIVRES !

Dans une librairie, vous ne pouvez pas résister : vous avez envie de tout, même si vous ne lisez pas plus de 10 pages par soir. Du coup, chez vous, c'est l'invasion lente et sournoise, et les étagères de votre bibliothèques ne sont pas extensibles...

LES BONNES QUESTIONS

- Est-ce que cet ouvrage est rare/épuisé/annoté (avec votre grosse écriture d'adolescente, celle où vous faisiez des cœurs sur les i) ? Est-il marqué par un souvenir particulier ? Si c'est le cas, il faut le garder (même si c'est un mauvais livre).
- Ai-je envie de le lire (relire) ? Cela ne sert à rien de conserver un bouquin dont on sait pertinemment qu'on ne le lira jamais.
- Ai-je vraiment besoin de conserver ce livre nul/dont je connais la fin (c'est Jack le meurtrier)/dont je ne me sers jamais (des recettes de quiches, vous en avez 12 000, de quoi vous alimenter jusqu'en 2036) ?

Débarrassez-vous des livres dont vous ne voulez plus.

Une fois que vous aurez mis de côté les bouquins que vous devez ab-so-lu-ment garder avec vous (toute votre collection de Oui-Oui en Bibliothèque rose) et fait un tas de tous les ouvrages non indispensables, considérez le second lot et envisagez diverses solutions :

- Les proposer à votre famille ou à vos amis !
- Faire un don : des associations s'occupent de les collecter.
- Les déposer dans une « boite à livres » : elles fleurissent dans les villes
- Les vendre : s'ils ont une valeur, proposez-les aux marchands spécialisés (sur internet ou en boutique) ; sinon, faites des lots pour vide-greniers (vous en tirerez des clopinettes).
- Les jeter (même si c'est un sacrilège, vous serez pardonnée si vous les mettez dans la bonne poubelle pour le tri sélectif).

QUELQUES IDÉES POUR TRIER VOTRE FONDS

Si votre bibliothèque est surtout un élément décoratif (1. Ça fait intello. 2. Ça fait riche. 3. Ça habille les murs), vous pouvez ranger les livres par couleur, par collection (les dos sont identiques), par hauteur.

Si votre bibliothèque remplit son rôle premier, vous pouvez classer les livres par catégories : romans, livres pratiques, essais, etc. Il peut y avoir des sous-groupes (romans policiers, romans de gare, romans historiques, etc.) ; et dans chaque catégorie, vous pouvez adopter le classement alphabétique.

METTEZ FIN AUX PILES DE MAGAZINES QUI MENACENT DE S'ÉCROULER

- Si un article vous intéresse en particulier, découpez-le sur-le-champ. Pas la peine de corner la page, de coller un Post-it ou de vous dire que vous y penserez plus tard, vous n'y reviendrez jamais. Rangez TOUT DE SUITE la fameuse page dans un dossier consacré à cela.
- Prenez l'habitude de jeter l'ancien numéro quand le nouveau arrive.
- Faites preuve de bon cœur et apportez vos magazines récents à votre médecin dont la salle d'attente ne propose que des Modes et travaux de 1995.

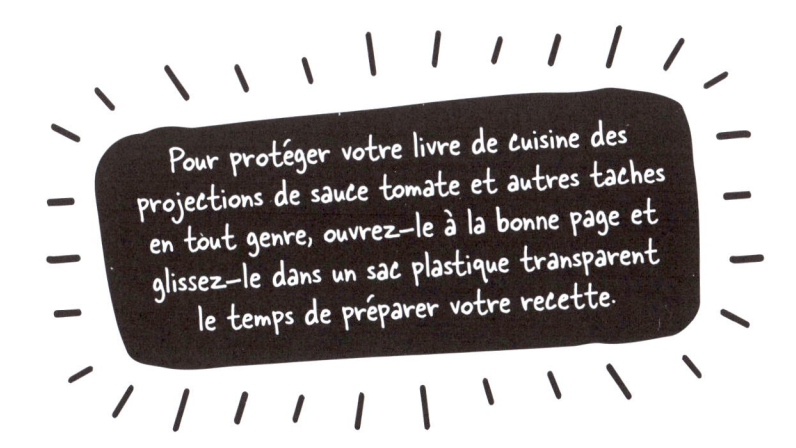

> Pour protéger votre livre de cuisine des projections de sauce tomate et autres taches en tout genre, ouvrez-le à la bonne page et glissez-le dans un sac plastique transparent le temps de préparer votre recette.

COMMENT RANGER LES PHOTOS DE FAMILLE

De nos jours, avec les merveilleux progrès de la technologie, vous êtes censée ne développer que les meilleurs clichés (et détruire im-mé-dia-te-ment tous ceux où vous avez les yeux rouges/fermés/glauques ou le bourrelet apparent).

NE GARDEZ QUE LE MEILLEUR

On ne se lance pas dans ce genre d'entreprise entre deux épisodes de votre série préférée, deux biberons ou deux rendez-vous. Non, il faut prévoir du temps, de la patience et de l'espace. Rassemblez toutes les photos non triées. Installez-vous à un endroit où vous allez pouvoir les étaler.

1 En premier lieu, éliminez tous les clichés :
  — flous, mal cadrés, surexposés, ratés… ;
  — dont vous ne savez plus ce qu'ils représentent ;
  — où vous vous trouvez moche ;
  — qui vous rappellent de mauvais souvenirs.

2 Mettez ensemble toutes les photos correctes mais qui ne présentent pas d'intérêt majeur, qui ne méritent pas de figurer dans un album ; en revanche, vous les classerez dans l'ordre chronologique dans des pochettes (sur lesquelles vous noterez la date et mentionnerez quelques mots-clés définissant le contenu).

3 Pour vos meilleures photos, les souvenirs de moments exceptionnels, les images auxquelles vous tenez particulièrement (notamment toutes celles de l'époque où vous rentriez dans un 38 sans rester en apnée), le travail continue.

ASTUCES PAS CLICHÉS

→ Commencez par ranger les photos récentes et remontez à rebours : vous éprouverez moins de découragement face à l'ampleur de la tâche.

→ Pensez à noter une légende à l'arrière de la photo (tant que vous vous souvenez du prénom de ce beau spécimen qui pose sa grosse main velue sur votre frêle épaule).

→ Même en essayant de mettre de la rigueur dans votre classement, laissez-vous guider par votre instinct et vos émotions.

CHOISISSEZ VOTRE MÉTHODE DE CLASSEMENT

À vous de voir si vous souhaitez adopter un classement chronologique ou thématique. Les deux sont compatibles : vous pouvez, par exemple, consacrer un album particulier pour la première année de chaque enfant, même si certains épisodes figurent malgré tout dans l'album familial général.

Inscrivez des légendes sur les pages (notamment la date, le lieu, l'événement).

Ne placez pas toutes les images de façon systématique (deux par pages, bien au milieu) : cassez le rythme en laissant, par exemple, un portrait seul sur une page, en faisant se chevaucher plusieurs clichés d'une même situation, en disposant en cascade certains d'entre eux...

EXPOSEZ LES MERVEILLES

Vous avez éliminé les clichés affreux, classé les photos intéressantes et mis en valeur les plus significatives dans de beaux albums... Il vous reste à exposer les clichés proches de l'œuvre d'art ! Pour garder sous les yeux une très belle image qui vous remplira de bonheur chaque fois que vous y poserez les yeux, les solutions sont nombreuses : autant un cliché sous verre accroché au milieu d'un mur nu n'est pas très heureux, autant une forêt de cadres assortis peut donner un côté « esprit de famille » très décoratif. Il existe mille option déco : des photos suspendues sur un fil ou un ruban, retenues par des pinces à linge, un pêle-mêle original, un « arbre » en fil de fer portant un cliché sur chaque branche...

SEMAINE 4
LA CHAMBRE

Il paraît qu'on passe un tiers de notre vie à dormir, alors mieux vaut avoir une pièce confortable, propre et bien rangée

GAGNEZ DE LA PLACE « BIS »
Pourquoi ne pas installer une mezzanine pour gagner de la place dans votre chambre ?

TRIEZ ET RANGEZ LES VÊTEMENTS
Vous en avez marre de chercher vos vêtements partout ? La seule solution, c'est le tri (oui, c'est difficile) et le rangement (en mode commando).

AMÉNAGEZ VOTRE BUREAU
Si vous avez besoin de travailler de chez vous, il est essentiel d'avoir un espace confortable, calme et bien éclairé pour créer de bonnes conditions de travail.

AMÉNAGEZ LA CHAMBRE DES ENFANTS
Selon l'âge de votre enfant, les besoins sont différents. Pour chaque étape, vous trouverez des astuces pour agencer au mieux son joyeux bordel.

RANGEZ LES PAPIERS ADMINISTRATIFS
Ne vous défilez pas maintenant, vous avez presque terminé ! Que faut-il conserver, et combien de temps ? Apprenez à trier et archiver les documents importants sans vous arracher les cheveux.

GAGNEZ DE LA PLACE « BIS »

Bien souvent, dans les appartements modernes, les chambres sont exiguës : le lit prend toute la place et il faut raser les murs pour en faire le tour. Dans ces cas-là, difficile de gagner du terrain pour essayer de caser tout ce que l'on voudrait y ranger (notamment un placard pour y cacher son amant).

LA MEZZANINE

Si vous disposez d'une hauteur sous plafond d'au moins 4,5 m, pourquoi ne pas installer une mezzanine pour augmenter sa surface habitable ? Si vous vous contentez d'une simple couchette, pensez quand même aux déplacements que vous aurez à faire (ramper pour aller aux toilettes au milieu de la nuit se révèle très dangereux). Évidemment, vous ferez très attention aux supports sur lesquels va s'appuyer la structure : l'installer sur un mur porteur est plus indiqué. D'autre part, étudiez bien l'escalier qui mènera à votre lit suspendu : pour gagner un maximum de place, un escalier en colimaçon est la meilleure solution.

UTILISEZ L'ESPACE SOUS LE LIT

Ce serait dommage de ne pas profiter de cette place perdue... Les bacs en plastique à roulettes constituent une solution facile, peu chère et pratique pour exploiter cette surface : changez les pieds de votre lit pour des plus hauts afin de pouvoir choisir un modèle de bac assez profond, et préférez un système ayant un couvercle pour éviter que la poussière ne rentre à l'intérieur. Les lits-coffres ou lits à tiroir sont également intéressants au niveau du gain de place : pensez à choisir une couette suffisamment grande pour recouvrir le tout (à moins que le meuble mérite d'être exposé).

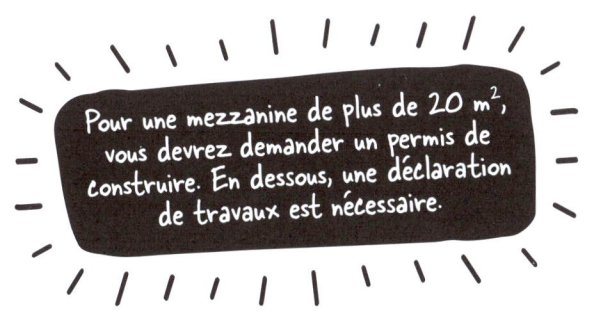

> Pour une mezzanine de plus de 20 m², vous devrez demander un permis de construire. En dessous, une déclaration de travaux est nécessaire.

FAITES DE VOTRE ARMOIRE UNE AMIE

L'armoire, le placard, la commode peuvent être le théâtre de véritables drames : écroulements, explosions, disparitions, etc., autant de situations qui pourraient n'être que de mauvais souvenirs en appliquant un peu de méthode à votre système de rangement.

1 SORTEZ TOUS LES VÊTEMENTS DE L'ARMOIRE

C'est le meilleur moyen de partir sur des bases saines (profitez-en pour faire la poussière sur les étagères, ça ne sera pas du luxe). Vous ne rangerez que les affaires qui auront reçu une validation.

2 SOYEZ INTRAITABLE ET PASSEZ EN REVUE TOUS VOS VÊTEMENTS

Faites plusieurs tas : ceux que vous ne remettrez plus jamais (à donner ou à jeter) ; ceux qui méritent un rafraîchissement pour être portés de nouveau (faire lâcher une pince parce que vous avez pris 2 kg, raccourcir une jupe, transformer un jean en pantacourt, etc.) ; ceux que vous enfilez régulièrement. Débarrassez-vous DÉFINITIVEMENT du tas n°1.

3 FAITES VOTRE DEUIL

Même si vous tenez comme à la prunelle de vos yeux à la salopette qui a accompagné toute votre grossesse, il n'est vraiment pas utile qu'elle prenne de la place dans votre dressing. De même, préparez-vous psychologiquement à l'idée de vous débarrasser de la petite robe que vous portiez pour votre premier rendez-vous avec votre chéri. C'était il y a 10 ans (et aujourd'hui, les manches chauvesouris, on peut vous le révéler, ça ne se fait plus).

4 ORGANISEZ LE CHANGEMENT DE SAISON

À moins d'avoir un dressing immense, il est difficile de garder l'intégralité de sa garde-robe à portée de main. Le plus souvent, on range les manteaux au printemps pour les ressortir à l'automne. Selon la solution choisie (malles, valises, à la cave, au grenier, etc.), profitez de ce transfert pour trier.

LE RANGEMENT INTELLIGENT

Vous avez gagné de la place grâce à un tri efficace, radical et libérateur ? Bravo ! Maintenant, le but est de rendre toutes vos affaires visibles et accessibles.

- Rangez de manière pratique : regroupez vos vêtements par type (les pulls d'un côté, les chemises d'un autre, etc.) ou par occasion (les fringues-boulot, les fringues-sorties, les fringues-sport).
- Il est logique d'installer les vêtements que vous portez le plus souvent à l'endroit le plus facile à atteindre.
- Investissez dans les cintres : privilégiez ceux en bois, avec de larges épaules pour ne pas marquer les vêtements. Utilisez des cintres spéciaux pour suspendre jupes et pantalons (avec des pinces), des cintres gonflants pour recevoir les pulls sans les abîmer, avec plusieurs barres pour suspendre un ensemble sur un même portant…
- Placez des crochets sur l'intérieur des portes : vous y suspendrez vos foulards, écharpes et autres accessoires.
- Organisez vos rangements en y plaçant des boîtes, des bacs, des casiers, etc., permettant de trier (les chaussettes ensemble, les culottes ensemble, etc.).
- Vos ballerines sont jetées en tas (d'un coup de pied rageur) ? Offrez-leur un range-chaussures à plusieurs étages et extensible. Vous pourrez les aligner en gagnant de la place. Certaines préfèrent les conserver dans les boîtes : elles seront protégées de la poussière, mais cette solution nécessite un grand espace (ou une très petite collection de pompes). On la réserve en général aux chaussures que l'on ne porte que rarement. Les panneaux à poches qui se suspendent permettent aussi de gagner de la place.

COMMENT SAVOIR SI L'ON GARDE OU NON UN VÊTEMENT

- Toute pièce non portée dans l'année n'a pas besoin d'être sous la main.
- Tout article neuf remplace définitivement le même article usé.
- Pas la peine de croire qu'il faut garder un vêtement parce qu'il risque de revenir à la mode.
- Ce n'est pas mal de conserver un vêtement « test » (si vous rentrez dans le jean de vos 18 ans, vous vous offrez un macaron Ladurée). Mais c'est inutile de conserver toute une garde-robe trop petite dans l'espoir que l'on va reperdre une taille dans les deux mois à venir.

UNE ORGANISATION BÉTON POUR LA CHAMBRE DES PETITS

Le rangement n'étant pas une activité favorite pour vos minimonstres, c'est à vous de bien concevoir l'espace de leur chambre pour que cette corvée soit exécutée vite-fait-bien-fait.

POUR UN BÉBÉ OU UN TOUT-PETIT

Au début, on n'a pas besoin de beaucoup de meubles, mais il faut penser tout de suite à l'avenir en achetant tout ce qui servira au rangement : le nombre d'affaires de l'enfant augmente de manière exponentielle ! Réfléchissez à l'évolution de la chambre dès le départ (préférez un équipement sobre, pas trop marqué « bébé »).

Multipliez les possibilités de stockage pour les jouets en privilégiant des contenants faciles à déplacer : coffre, bacs en plastique sur roulettes, hamac pour faire dormir toutes les peluches… Choisissez les rangements accessibles, même si, au début, c'est vous qui mettrez de l'ordre dans ce petit bazar.

POUR UN ENFANT EN CLASSE DE MATERNELLE

Installez une petite bibliothèque ou un système d'étagères pour les livres et les jouets (fixez-les au mur pour plus de sûreté). Mettez les jouets les plus volumineux sur les tablettes du bas. Ils seront ainsi plus faciles à saisir.

Regroupez les jouets par catégorie (voitures, vêtements de poupées, briques de Lego®, etc.) : si les boîtes de rangement sont opaques, collez un dessin ou une illustration du contenu pour que l'enfant puisse les retrouver sans votre aide.

JOUETS AU CARRÉ

Choisissez des **CONTENANTS SOLIDES ET DURABLES**, appropriés à l'usage que vous souhaitez en faire. Et évitez de les remplir à ras bord. S'ils sont trop lourds, les enfants ne pourront pas les déplacer.

Prélevez une partie de ses jouets et conservez-les dans une autre pièce (grenier, garage, etc.). Au bout de 1 mois ou 2, ressortez-les : ils auront à nouveau l'**ATTRAIT DU NEUF** !

L'approche de sa date d'anniversaire ou des fêtes de Noël est une bonne période pour procéder au **TRI DES JOUETS** (il faut bien faire de la place pour tout ce qui va arriver...).

Le turn-over des vêtements, des jouets et autres est encore plus rapide que le vôtre : **TRIEZ RÉGULIÈREMENT** les affaires trop petites et les jouets dont il se sera lassé.

Pensez aux **BOÎTES À ROULETTES** que l'on peut glisser sous le lit

Déterminez **PLUSIEURS ZONES D'ACTIVITÉS** dans la chambre, chacune ayant son système de rangement : apprenez-lui à ne pas mélanger les choses.

Si la **BOÎTE D'UN JEU** est abîmée ou trop imposante, transférez toutes les pièces dans un sac en plastique fermé par un zip (n'oubliez pas le dépliant de la règle du jeu ; pour les puzzles, pensez à découper le modèle).

Si **DEUX ENFANTS SE PARTAGENT LA MÊME CHAMBRE**, veillez à préserver leur intimité en installant des séparations qui délimiteront leur territoire personnel : paravent, meuble d'étagères, rideau...

POUR UN PETIT ÉCOLIER

L'âge du premier bureau est arrivé (quelle fierté !) : choisissez un modèle pourvu de nombreux tiroirs ; il y a toujours une tonne de matériel à ranger et il vaut mieux laisser la surface du bureau bien dégagée. Soyez vigilante sur le choix de la chaise : il doit être confortablement installé (et ne pas poser sa tête sur la table pour dessiner !).

Pour gagner de la place, pourquoi ne pas opter pour un ensemble bureau-lit mezzanine ? L'espace gagné sera destiné au jeu et puis, quel bonheur de grimper dans un lit en hauteur !

POUR UN ADO

En général, à partir de là, vous devriez avoir moins de droit de regard sur la déco de sa chambre... : s'il peut accrocher ce qu'il veut sur les murs, fournissez-lui du Scotch double-face qui laissera moins de traces sur les murs que les punaises.

Le nombre de ses livres allant en augmentant, il sera sûrement temps d'installer une vraie bibliothèque dans son antre : prévoyez large ! Il y rangera aussi ses CD, ses DVD, etc.

DÉCO MODULO

Le propre des enfants, c'est de grandir... et de changer de goûts, de passions, d'idoles. La décoration de la chambre doit être suffisamment modulable pour pouvoir s'adapter à ces changements. C'est pourquoi il est préférable de choisir les meubles principaux (lit, bureau, armoire, commode) dans un style classique et indémodable et de jouer la diversité grâce aux accessoires. Idem pour la couleur des murs.

POUR LES ACARIENS, LE LIT, C'EST LE CLUB MED...

Passez régulièrement l'aspirateur dans la chambre (au moins deux fois par semaine) : n'oubliez pas le dessous du lit (non seulement le sol, mais aussi le dessous du sommier en tournant la brosse de l'aspi). A chaque changement de draps, donnez un petit coup sur le matelas pour retirer un bon nombre de ces hôtes malvenus.

Il existe des traitements antiacariens vendus en pharmacie : il s'agit d'aérosols qui éliminent une grande partie des indésirables. Si vous êtes particulièrement sensible, renouvelez cette opération tous les ans. Choisissez également des draps 100 % coton et utilisez une lessive hypoallergénique.

CHAMBRE CLEAN POUR SOMMEIL COOL

AÉREZ !

La ventilation de la chambre est encore plus importante que celle des autres pièces (ex aequo avec la cuisine après une friture) : après avoir dormi 8 heures, l'air est carrément... vicié ! Il ne s'agit pas d'entrouvrir la fenêtre 5 minutes, mais de vraiment renouveler l'atmosphère : pendant le temps de votre douche par exemple (tant pis pour l'Homme qui voulait profiter de quelques minutes de sommeil en plus, c'est une question d'hygiène).

LES OREILLERS ET LES COUETTES

Ils doivent être lavés régulièrement (deux fois par an). Pour éviter que la mousse ne s'agglomère pendant le passage en machine, placez dans la cuve trois balles de tennis ou trois boules doseuses de lessive. Le mouvement mécanique des objets permettra à la mousse de rester répartie de façon homogène.

MAIS OÙ DONC POSER SON BUREAU ?

Si votre maison compte suffisamment de pièces pour en consacrer une à l'installation d'un bureau (en y ajoutant éventuellement un lit d'appoint pour hôte de passage), bénie soit votre surface habitable. Si ce n'est pas le cas, posez-vous les bonnes questions pour trouver quel sera l'emplacement idéal.

DE QUEL DEGRÉ D'INTIMITÉ AVEZ-VOUS BESOIN ?

Si vous pouvez trier votre courrier et faire votre compta au milieu du salon avec les enfants qui jouent aux Indiens, pourquoi pas ? Mais si vous souhaitez quand même vous isoler un peu, pensez à l'option paravent, qui peut créer un petit coin plus abrité (pour les flèches de vos Sioux) et, en même temps, dissimuler votre installation informatique (et ses câblages dignes d'une centrale électrique), particulièrement inesthétique.

Pourquoi ne pas aménager le dessous de l'escalier à cet effet ? Le bureau ne « mangera » pas d'espace vital. Établir sa base de travail dans la chambre permet de s'y réfugier même si la vie familiale bat son plein au salon : tous les conseils de feng shui vont à l'encontre de cette idée (les ondes dégagées par les ordinateurs qui nuisent au sommeil/l'absence de séparation vie privée-vie publique, etc.), mais, parfois, il vaut mieux envoyer balader le feng shui et pouvoir rédiger un rapport sans être dérangée par des projectiles non identifiés.

LA DÉCORATION

Placez quelques cadres contenant des photos aimées (mais pas non plus de quoi vous déconcentrer complètement : on oublie donc les posters des dieux du stade ou les cartes postales des Maldives), une jolie plante ou les plus beaux dessins des enfants (sous verre).

L'INFLUENCE DES COULEURS

Le jaune est propice au dynamisme intellectuel, le vert sera bon pour vous aider à entreprendre de nouveaux projets. Dans l'ensemble, préférez des couleurs neutres pour ne pas subir « d'agression » visuelle et ne pas vous énerver (les murs rouges, on oublie).

LA TABLE

Choisissez un meuble fonctionnel : des tiroirs qui ne couinent pas, un plateau qui ne craint rien, des pieds solides ; les « tout-en-un » prévus pour l'équipement informatique sont en général très bien conçus.

LA CHAISE

Oubliez tout de suite de recycler une chaise de la cuisine ou un fauteuil du salon (même s'il est signé Stark). Si elle est trop raide, vous trouveriez très vite une bonne excuse pour arrêter la tâche en cours.

Le modèle sélectionné doit pouvoir être réglé selon votre morphologie : hauteur, inclinaison du dossier (les chaises qui basculent sont très pratiques pour la sieste). Les accoudoirs sont vraiment utiles pour reposer vos bras. Sur roulettes, le siège vous évite de vous lever pour atteindre un objet placé à distance (on ne vous demande pas non plus de vous balader d'un bout à l'autre de la pièce en faisant wiiiiiiiiiiiiiiiiz).

L'ÉCLAIRAGE

L'idéal est de pouvoir profiter de la lumière du jour sans pour autant avoir de reflets dans l'écran de son ordi. Cumulez un éclairage d'ambiance, assuré par une lampe halogène par exemple, et un point lumineux plus précis, donné par une lampe de bureau articulée à poser sur le plan de travail.

LE RANGEMENT

Les fournitures du type stylos, étiquettes, agrafeuse, etc., doivent être rangées dans un tiroir à portée de la main, et non sur votre table de travail sous une pile de papiers. Trouvez un endroit pour le courrier en attente (ouvrez les enveloppes quand même) : les bacs empilables sont parfaits. Si l'ordre n'est pas votre fort (ah bon ?), préférez les rangements fermés qui vous épargneront le spectacle de votre fourbi.

Rangez ailleurs les éléments qui ne sont pas reliés au travail. Votre bureau ne doit pas servir de dépotoir pour tout ce qui n'a pas de place déterminée. Si tout le monde vient poser ses affaires sur votre bureau en se fichant éperdument du fait que vous y travaillez, vous êtes autorisée à tout balayer d'un revers de manche. Non mais !

NE VOUS DÉFILEZ PAS : TRIEZ LES PAPIERS

Les papiers. Voilà un obstacle majeur à la bonne tenue de votre maison, le grain de sable qui enraie votre belle mécanique. Vous êtes tellement enrayée par cette invasion sournoise que vous n'osez pas affronter le problème et vous attendez que le monticule menace de s'écrouler pour prendre le problème à bras-le-corps...

SI VOUS VIVEZ EN COUPLE OU EN FAMILLE

Outre les documents concernant le foyer, vous pouvez créer des classeurs particuliers pour chaque membre de la famille (le plus souvent pour chaque enfant) dans lesquels vous rangerez les documents qui lui sont propres.

LE BON AIGUILLAGE

Prenez-vous pour une gare de triage : à chaque papier qui franchit la porte de chez vous (qui va là ?), optez pour la décision suivante :

➡ **à garder** : pour les documents que vous devez archiver, dont vous aurez besoin dans les jours, mois ou années à venir. C'est ce tas-là qui devra ensuite subir un traitement plus rigoureux et être réduit à sa plus petite expression ;

➡ **à jeter** : tout ce qui est périssable, inutile ou obsolète.

➡ **à rediriger** : certains documents concernent d'autres membres de la famille ou nécessitent d'être renvoyés vers une autre destination. Ceux-là pourront rester dans un panier sur le bureau, en espérant que leur séjour ne soit pas trop long...

LE BON SYSTÈME D'ARCHIVES

Voilà le nœud du problème : avant de s'attaquer à la grosse pile de paperasse qui vous nargue, il faut réfléchir en amont au système d'archivage que l'on souhaite mettre en place. Il est en général recommandé de définir trois types de rangement :

➡ **des boîtes cartonnées** pour les archives très anciennes (elles n'ont pas besoin d'être rangées à proximité).

➡ **des classeurs thématiques** pour les dossiers annuels, divisés en plusieurs catégories séparées par des intercalaires : factures (autant d'intercalaires que de grandes familles de factures, électricité, téléphone, etc.), bulletins de salaire, relevés de comptes bancaires, assurances, avis d'imposition…

Utilisez des pochettes plastiques perforées pour y glisser les feuilles : dans une pochette vous pouvez, par exemple, faire tenir une année de factures de téléphone. Placez les documents les plus récents sur le dessus des dossiers annuels et ne conservez pas plus de trois années dans le même classeur : au bout de ce temps, faites passer la pochette dans une boîte d'archives cartonnée.

➡ **des dossiers suspendus** (plus faciles à manipuler que des dossiers entassés) pour les documents en attente d'un traitement : ceux que vous devez garder sous la main quelques jours, ceux qui nécessitent un complément, qui attendent une réponse… Attention, ces dossiers ne sont que des lieux de passage : dès que l'affaire aura été traitée, vous vous ferez un devoir de ranger le document à son emplacement définitif.

VOUS GARDEZ QUOI ET COMBIEN DE TEMPS ?

À VIE : contrats de travail, bulletins de salaire, relevés d'attestation chômage, livret de famille, contrat de mariage, jugement de divorce, règlements et titres de propriété, donations, contrats d'assurance-décès et d'assurance-vie, redevance télé, déductions fiscales, impôts sur le revenu, preuves du paiement des impôts.

30 ANS : factures de travaux immobiliers, de réparation de voiture, talons de chéquiers, notes de frais de séjour d'hôpital, relevés des points de retraite.

5 ANS : contrats de location, quittances de loyer, relevés d'honoraires d'avocat ou de notaire.

10 ANS : contrats habitation et automobile, dossier de sinistre, relevés de compte, bordereaux de versements à la banque, documents concernant les prêts, correspondance avec le syndic de copropriété, relevés des charges.

2 ANS : quittances de primes et documents de résiliation d'assurance, contraventions automobiles, factures d'achat (le délai de la couverture de garantie), documents relatifs aux prêts à la consommation, ordonnances, factures d'électricité, de téléphone.

À VIE	30 ANS	10 ANS	5 ANS	2 ANS

L'ART DE TENIR SA MAISON AU QUOTIDIEN

Vous avez passé des heures à trouver un système de rangement adéquat pour tout votre attirail, vous avez sué sang et eau pour hisser des cartons tout en haut de l'armoire... Voulez-vous avoir LE secret, unique, magique, infaillible pour conserver une maison rangée

RANGEZ TOUT IMMÉDIATEMENT, SANS DÉLAI, SANS VOUS CHERCHER D'EXCUSES

- Ne posez pas votre veste sur le dossier de la chaise (pire, la mettre en boule) en vous promettant de la ranger dans 5 minutes.
- Ne laissez pas le marteau hors de la boîte à outils en pensant que vous en aurez encore besoin demain ;
- Ne gardez pas la table à repasser au milieu du salon en imaginant que vous aurez le courage de vous y remettre en rentrant.

CONTRE LE BAZAR NAISSANT

Même en respectant toutes ces lois pour maintenir l'ordre que vous avez eu tant de mal à établir, il se peut que, sournoisement, certains objets mal intentionnés se liguent contre vous pour former un bazar naissant... N'attendez pas trop longtemps avant de vous décider à reprendre les rênes ! Ne baissez pas les bras et ressaisissez-vous, que diable !

NE PARTEZ PAS LES MAINS VIDES

Profitez de chaque déplacement dans votre maison pour « faire un petit quelque chose » : ne quittez pas une pièce sans rapporter à sa place un objet qui n'y était pas, remontez à l'étage les objets déposés sur le bas de l'escalier, passez un petit coup de chiffonnette sur l'étagère douteuse en passant devant, rapportez votre tasse vide à la cuisine. Partez du principe de ne jamais sortir d'une pièce les mains vides.

Pour que le ménage soit vite fait, il faut que vous n'ayez pas grand-chose à nettoyer. Donc, mieux vaut en faire un peu tous les jours... que beaucoup une fois par mois.

MÉNAGE : JE FAIS QUOI ET QUAND ?

AU QUOTIDIEN
- Lavez la vaisselle courante ou remplissez/videz le lave-vaisselle.
- Rangez et nettoyez le plan de travail, les plaques de cuisson, l'évier.
- Passez un coup de balai dans la cuisine.
- Débarrassez et nettoyez la table où vous avez pris les repas, balayez les miettes sous la table.
- Après chaque douche ou bain, nettoyez les sanitaires.
- Faites les lits, aérez les pièces.

PLUSIEURS FOIS PAR SEMAINE
- Faites des lessives, séchez et pliez le linge.
- Passez le balai, l'aspirateur. Nettoyez les sols.

UNE FOIS PAR SEMAINE
- Faites la poussière sur les meubles.
- Changez les serviettes de toilette.
- Faites les courses (un gros plein).

GRANDS MÉNAGES (DE PRINTEMPS, D'AUTOMNE...)
- Lavez les rideaux.
- Lavez couettes et oreillers.
- Dépoussiérez cadres, tableaux, fils électriques, prises, moulures du plafond...
- Nettoyez les filtres de la hotte aspirante, les convecteurs, les grilles d'aération.
- Nettoyez les murs (traces de doigts).
- Shampouinez les moquettes.
- Retournez les matelas et passez-y l'aspirateur.
- Cirez les parquets et faites un soin beauté au canapé en cuir.
- Videz et nettoyez l'intérieur des placards.

ALLEZ, COURAGE ! ON EST DE TOUT CŒUR AVEC VOUS.

⇨ ZÉRO BLABLA, ÇA VOUS PARLE ?

RETROUVEZ DANS LA MÊME COLLECTION

ANTISTRESS
ASTUCES DE MAMIE
BIKINI
BODY SCULPT
BRÛLE-GRAISSE
CROSS TRAINING
GAINAGE
HIIT
HUILES ESSENTIELLES
MINCEUR
PILATES
RUNNING
SANS GLUTEN

SIX PACKS
VENTRE PLAT
YOGA
YOGA MINCEUR
ZÉRO SUCRE
RUNNING
TUTOS COIFFURE
MÉDITATION
NO DÉCHET
BEAUTÉ NATURELLE
DÉTOX
DÉFI BONHEUR
DÉFI RANGEMENT

Achevé d'imprimer en octobre 2017, sur les presses de Macrolibros en Espagne
pour le compte des Éditions Marabout (Hachette Livre), 58 rue Jean Bleuzen Vanves Cedex.
© Hachette Livre (Marabout), 2018.
Dépôt légal : janvier 2018 –3549756 – 978-2-501-12696-0

Ce cahier est issu d'une première édition sous le titre *Comment j'ai rangé la maison*
© Editions Marabout, 2017.
Aucune partie de ce livre ne peut être reproduite sous quelque forme que ce soit
ou par quelque moyen électronique ou mécanique que ce soit, y compris
des systèmes de stockage d'information ou de recherche documentaire,
sans autorisation écrite de l'éditeur.

MARABOUT
s'engage pour l'environnement
en réduisant l'empreinte carbone
de ses livres.
Celle de cet exemplaire est de :
500 g éq. CO_2
Rendez-vous sur
www.marabout-durable.fr

PAPIER À BASE DE
FIBRES CERTIFIÉES